CB061818

INAE

INSTITUTO NACIONAL DE ALTOS ESTUDOS

FÓRUM NACIONAL
Workshop: Por uma Política Moderna de Competição para o Brasil (2006)

PATROCINADOR ESPECIAL DO WORKSHOP

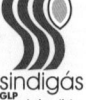

sindigás GLP energia brasileira

GRANDES BENEMÉRITOS

ipea Instituto de Pesquisa Econômica Aplicada
BID Banco Interamericano de Desenvolvimento
BANCO MUNDIAL
BNDES O Banco do Desenvolvimento de Todos os Brasileiros – Ministério do Desenvolvimento, Indústria e Comércio Exterior
FINEP Financiadora de Estudos e Projetos – Ministério da Ciência e Tecnologia – APOIO DO FNDCT
BANCO DO BRASIL
BR PETROBRAS
CAIXA – CAIXA ECONÔMICA FEDERAL – BRASIL UM PAÍS DE TODOS – GOVERNO FEDERAL
Banco do Nordeste – O nosso negócio é o desenvolvimento
SEBRAE
CORREIOS 100% BRASIL
Telefónica
ODEBRECHT
EMBRAER
Companhia Vale do Rio Doce
Eletrobrás
IBMEC MERCADO DE CAPITAIS
TELEMAR
Bradesco

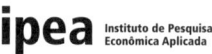

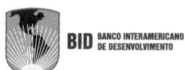

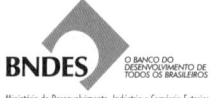

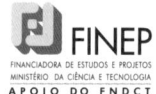

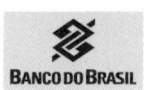

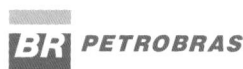

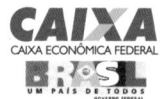

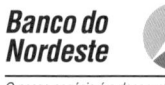

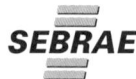

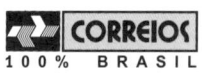

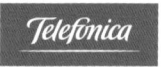

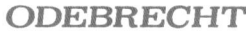

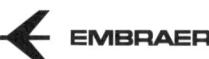

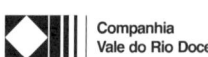

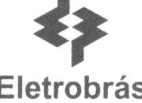

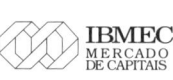

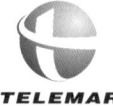

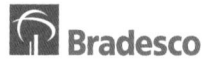

PATROCINADORES ESPECIAIS

CNI
FIRJAN CIRJ SESI SENAI IEL
FIESP
gradiente
ULTRA

Agradecimento: PREVI

INSTITUTO NACIONAL DE ALTOS ESTUDOS - INAE
RUA SETE DE SETEMBRO, 71 - 8º ANDAR - CENTRO - CEP: 20050-005 - RIO DE JANEIRO / RJ
TEL.: (21) 2507-7212 - FAX: 2232-1667 - e-mail: inae@inae.org.br - site: www.inae.org.br

*Por uma
moderna política*
de Competição

João Paulo dos Reis Velloso
(COORDENADOR)

José Tavares de Araujo Jr.
Elizabeth M. M. Q. Farina e Rubens Nunes
Daniel K. Goldberg
Hélcio Tokeshi
Afonso A. de Mello Franco Neto
Sérgio Varella Bruna
Gesner Oliveira e Cinthia Konichi

Por uma moderna política DE Competição

AMPLIANDO
AS BASES DO
ALTO CRESCIMENTO
NO BRASIL

JOSÉ OLYMPIO
EDITORA

© José Tavares de Araujo Jr., Elizabeth M. M. Q. Farina, Rubens Nunes, Daniel K. Goldberg, Hélcio Tokeshi, Afonso A. de Mello Franco Neto, Sérgio Varella Bruna, Gesner Oliveira, Cinthia Konichi, 2006

Reservam-se os direitos desta edição à
EDITORA JOSÉ OLYMPIO LTDA.
Rua Argentina, 171 – 1º andar – São Cristóvão
20921-380 – Rio de Janeiro, RJ – República Federativa do Brasil
Tel.: (21) 2585-2060   Fax: (21) 2585-2086
Printed in Brazil / Impresso no Brasil

Atendemos pelo Reembolso Postal

ISBN 85-03-00950-1

Capa: LUCIANA MELLO E MONIKA MAYER

CIP-Brasil. Catalogação-na-fonte
Sindicato Nacional dos Editores de Livros, RJ.

P868 Por uma moderna política de competição: ampliando as bases do alto crescimento no Brasil / [coordenação] João Paulo dos Reis Velloso. – Rio de Janeiro: José Olympio, 2006.

ISBN 85-03-00950-1

1. Desenvolvimento econômico – Brasil. 2. Brasil – Condições econômicas. 3. Brasil – Política econômica. 4. Concorrência – Brasil. I. Velloso, João Paulo dos Reis, 1931- .

06-1730
CDD – 338.981
CDU – 338.1

SUMÁRIO

Introdução: Por uma moderna política de competição para o Brasil: os pontos básicos 7
João Paulo dos Reis Velloso

POR UMA MODERNA POLÍTICA DE COMPETIÇÃO. AMPLIANDO AS BASES DO ALTO CRESCIMENTO NO BRASIL

Perspectivas da política de concorrência no Brasil: o controle de fusões e aquisições 15
José Tavares de Araujo Jr.

A operação de uma política moderna de controle das fusões no Brasil 47
Elizabeth M. M. Q. Farina e Rubens Nunes

O controle de estruturas no Brasil: reflexões sobre o estudo de José Tavares 63
Daniel K. Goldberg

Dois aspectos da política de concorrência no Brasil 79
Hélcio Tokeshi

Sobre a incorporação dos ganhos de eficiência à análise dos atos de concentração 91
Afonso A. de Mello Franco Neto

A modernização da análise de atos de concentração — 99
Sérgio Varella Bruna

A política de competição no Brasil na perspectiva do desenvolvimento — 105
Gesner Oliveira e Cinthia Konichi

INTRODUÇÃO

Por uma moderna política de competição para o Brasil: os pontos básicos

*João Paulo dos Reis Velloso**

---

*Coordenador-geral do Fórum Nacional (Inae), presidente do Ibmec — Mercado de Capitais, professor da EPGE (FGV). Ex-ministro do Planejamento.

A PRIMEIRA, E MAIS IMPORTANTE, observação a fazer, quando tratamos de uma moderna política de competição para o Brasil é a complexidade do tema. Temos, portanto, de cuidar para nele não nos perdermos.

A razão principal para essa complexidade é que, de um lado, existe a famosa globalização. E esta, na área produtiva, significa principalmente a internacionalização de um novo paradigma industrial e tecnológico que tende, cada vez mais, a basear-se na revolução do conhecimento (e conhecimento em todos os sentidos, em todos os setores e em todos os segmentos da população). Ou, se preferirem, na *economia do conhecimento*.

E, de outro lado, isso tem fortes implicações para estruturas de mercado, formas de competição, formas de relacionamento entre firmas (por exemplo: alianças estratégicas, redes de subcontratação — o que chamamos de terceirização).

Então, o mundo da política de competição mudou. E, como é tolice pensar em desenvolvimento na economia de mercado sem uma boa política de competição, temos de mudar com ele.

O que antes era sólido agora desmancha no ar: temos de lidar com mercados em que a concorrência se faz à base da inovação — de várias formas —, e não de preços. Em que abundam fusões e aquisições; em que as estruturas são, freqüentemente, oligopolizadas, e mesmo assim existe uma concorrência feroz e as pequenas empresas tecnológicas crescem e aparecem. Em que alianças estratégicas servem ao bem-estar social. Em suma, em que nada é o que parece. E em que os aspectos dinâmicos são muito importantes, num contexto de desenvolvimento econômico e social.

Como estabelecer critérios de julgamento? Claro, em certos casos é obvio: práticas de cartelizações devem, em geral, ser condenadas. Mas, como ir além do óbvio?

Foi essa busca de critérios, num tipo de economia em mudança rápida e sempre sujeita a novos e relevantes fatores, internos e externos, que motivou a realização do *workshop* promovido pelo Fórum Nacional em janeiro último. O resultado aqui está — o *paper* básico de José Tavares, que estuda o assunto há muito tempo, a participação dos titulares de todos os órgãos envolvidos com a operação da política de concorrência e de comentaristas independentes.

Para tentar fazer uma síntese dessas contribuições, tomemos como referência — somente como referência — o livro mais inovador de William Baumol[1] sobre o tema: "em áreas-chave da economia (de mercado), *o instrumento principal de competição não é o preço, e sim a inovação* (grifo nosso). Como resultado, as firmas não podem deixar a inovação ao acaso. Em lugar disso, os gestores são forçados por pressões de mercado a apoiar a atividade inovadora *sistematicamente e substancialmente* (grifo nosso), e o sucesso dos esforços de qualquer empresa força seus rivais a aumentar seus próprios esforços. O resultado é uma feroz corrida armamentista entre as firmas, nos setores que mais rapidamente evoluem na economia, tendo a inovação como arma principal".

E, como complemento, a observação de haver certas condições necessárias para "A existência desse tipo de economia", como sejam:

- Concorrência oligopolística entre grandes empresas de altas tecnologias, tendo a inovação como principal arma de competição.
- Rotinização dessas atividades inovativas.
- Sistema de incentivos que estimule a inovação produtiva, e não a inovação voltada para atividades não produtivas.
- Império da lei, particularmente para cumprimento dos contratos.
- Ativo comércio de tecnologias (venda, licenciamento).

---

[1] Ver Wiliam J. Baumol, *The Free-Market Innovation Machine — Analyzing the growth miracle of capitalism*. Princeton University Press, 2002.

Esse, o ambiente em que será necessário definir as regras para a concorrência.

No *workshop* realizado, o *paper* de José Tavares voltou-se para as "Perspectivas da política de concorrência no Brasil: o controle de fusões e aquisições".

Parte o trabalho do reconhecimento do "grau de amadurecimento já alcançado pelo Sistema Brasileiro de Defesa da Concorrência (SBDC) no exercício das funções de preservar o interesse público e promover a eficiência produtiva". Para isso, destaca no processo de aperfeiçoamento do sistema dois fatores: "o SBDC conferiu prioridade crescente à repressão de condutas anticompetitivas, o que é o foco principal da legislação antitruste em economias maduras"; e atualizou, em 2002, o *Guia para análise econômica de atos de concentração horizontal*, tornando "mais transparentes os procedimentos e critérios que orientam as decisões das autoridades antitruste".

"Todavia, apesar de seus méritos, o guia não é isento de limitações, a maioria das quais derivada de seu marco analítico, que é o modelo estrutura-conduta-desempenho (ECD) da Teoria da Organização Industrial".

Enfatiza, por isso, a importância de flexibilidade em seu uso e termina por pregar uma abordagem para casos complexos, baseada em quatro fatores: presença de empresas multinacionais diversificadas; importância dos investimentos em pesquisa e desenvolvimento (P&D); peculiaridades da geografia econômica do País; e poder de barganha dos clientes.

Comentando o *paper*, Elizabeth M. M. Q. Farina e Rubens Nunes observam que, freqüentemente, "o problema não é o guia, mas sua utilização".

E concluem: "Muitos avanços são necessários para que sejam utilizados plenamente os instrumentos mais modernos de análise, já adotados em outras jurisdições, em especial os estudos quantitativos. Para que estes sejam úteis para o tomador de decisões, temos que avançar em práticas simples, porém necessárias, de apresentação dos estudos, em particular, da possibilidade de sua replicação no âmbito da autoridade antitruste. É certo que teremos que contar com o treinamento de economistas para que essa análise seja desenvolvida, mas esse é uma exigência necessária para o aprimoramento institucional da atividade no Brasil".

Do comentário de Daniel K. Goldberg, gostaria de destacar dois pontos.

O primeiro refere-se a sua observação de que "no período de 2000 a 2004, apenas 0,11% das fusões submetidas ao sistema foram reprovadas (e mesmo esse número pode estar inflacionado, a depender do critério utilizado) e apenas 0,15% das operações sofreram restrições significativas".

A esse respeito, parece-lhe cabível a "conclusão provisória (como todas são) de que, se de um lado somos pouco seletivos na seleção do universo de fusões e aquisições que avaliamos todos os anos, fomos, historicamente, lenientes em excesso para com as restrições efetivas que impomos".

O segundo ponto é "a mensagem fundamental do prof. Tavares deve ser reinterpretada, a meu ver, da seguinte forma: o modo de interação entre agentes econômicos do lado da oferta e da demanda deve ser incorporado à análise antitruste de forma mais realista, sob pena de que, no futuro, operações sem quaisquer efeitos sobre bem-estar sofram, indevidamente, restrições por parte das autoridades antitruste".

Hélcio Tokeshi discutiu dois aspectos da política de concorrência — levantados no *paper* básico.

De um lado, procurou mostrar que, como a Lei de Concorrência (Lei 8.884/94) estabelece "critérios de submissão de operações de fusão e aquisição excessivamente amplos", o guia desempenha uma função de "filtro", para a identificação de casos complexos, sujeitos a procedimento especial e mais aprofundado — casos inicialmente colocados na categoria de Análise Normal.

De outro lado, fez sugestão no sentido de que se usem mais os mecanismos de promoção da concorrência. Ou seja, tanto o uso do art. 7º da referida lei (que autoriza o Governo Federal a solicitar das autoridades ao nível dos estados e municípios as medidas necessárias ao cumprimento da legislação de concorrência) como o recurso a uma frente de promoção da concorrência que vem sendo desenvolvida pela Secretaria de Acompanhamento Econômico (SEAE), do Ministério da Fazenda. Nesse caso, a participação da Seae nos assuntos da alçada da Fazenda está sendo orientada no sentido de procurar garantir que, sempre que possível, "sejam feitas escolhas que aumentem o grau de concorrência nos setores envolvidos".

O comentário de Afonso A. de Mello Franco Neto se concentrou num dos temas levantados por Tavares, que é o da relevância da incorporação dos ganhos de eficiência dinâmica, obtidos, no longo prazo, por investimentos em P&D.

A ressalva feita pelo comentarista é no sentido de ser "preciso que as eficiências dinâmicas em questão sejam efetivamente específicas à concentração".

"Além disso, também seria preciso avaliar se as condições favoráveis à realização das eficiências dinâmicas geradas pela concentração também não poderiam ser geradas alternativamente por contratos menos restritivos à concorrência".

Sérgio Varella Bruna fez a observação de que a modernização da análise de operações de concentração econômica passa por dois caminhos.

Primeiro, pelo aprimoramento do instrumental analítico (a exemplo da discussão que se fazia em torno do *paper* de Tavares).

O outro caminho refere-se ao aperfeiçoamento da lei vigente (havendo projeto de lei, nesse sentido, em tramitação no Congresso Nacional).

Nesse contexto, levantou a possibilidade de adoção de um sistema de análise prévia de atos de concentração. Tal hipótese dependeria de que, de um lado, fossem estabelecidos em lei prazos rígidos de análise; e, de outro, fosse implementado, "de uma vez por todas, um sistema de aprovação tácita eficaz, caso não cumpridos esses prazos". Sem isso, seria preferível continuar com o sistema de análise *a posteriori*.

O último comentário foi de Gesner Oliveira e Cíntia Tonichi, que assinalaram: "As políticas de defesa da concorrência no Brasil devem ser melhor compreendidas como parte de um processo de liberalização do mercado". E, em seguida: "Como conseqüência, *os efeitos positivos de uma Lei de Defesa da Concorrência não são imediatos, e é necessário um período de aprendizagem* (grifo no original)".

Nesse contexto, sugerem um decálogo para atingir as "melhores práticas" de defesa da concorrência no país, como segue:

- Desburocratização permanente.
- Máxima agilidade (fixação de prazos sem a possibilidade de suspensão e evitar a possibilidade de abertura da fase de instrução probatória a cada etapa do processo).
- Criação de Cape 24 horas.
- Cautela e flexibilidade com o patamar de notificação de fusões.

- Manutenção do alto grau de transparência atual, com criação de mecanismos para sua ampliação.
- Necessidade de gradualismo e flexibilidade na transição para o novo sistema, simplificado.
- Articulação com agências reguladoras reformadas.
- Necessidade de maior participação dos consumidores.
- Melhor aparelhamento do sistema (recursos humanos).
- Cuidado com os manuais ("não há modelos prontos que possam ser importados..." para os países em desenvolvimento).

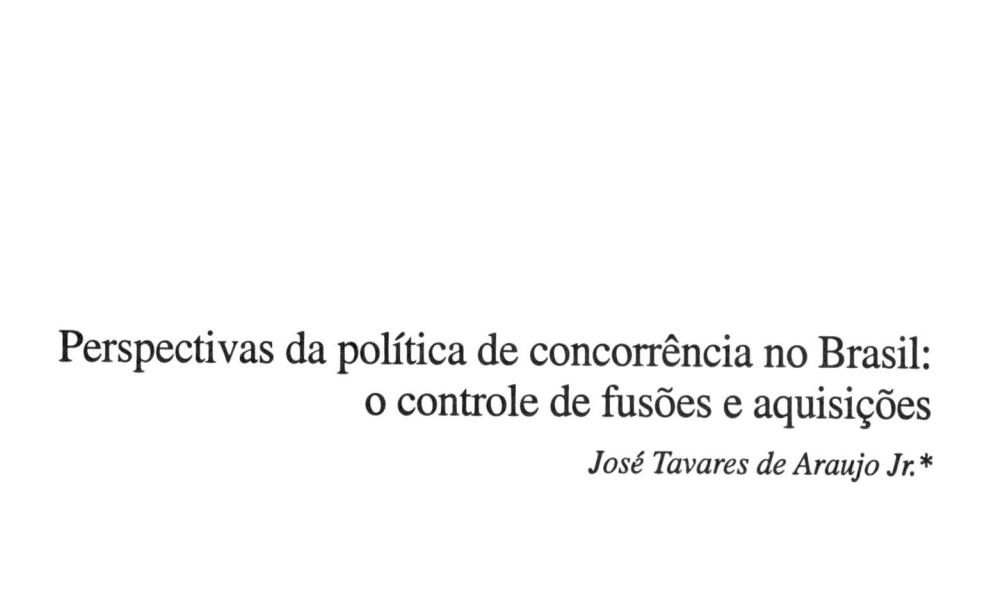

Perspectivas da política de concorrência no Brasil: o controle de fusões e aquisições

*José Tavares de Araujo Jr.**

---
*Economista, consultor de empresas.

If a society were to interfere in every activity which might possibly lead to a reduction of competition, regulation would be ubiquitous and the whole purpose of a public policy of competition would be frustrated.

George Stigler (1955)

INTRODUÇÃO

ALGUMAS DECISÕES recentes do Conselho Administrativo de Defesa Econômica (Cade) revelam o grau de amadurecimento já alcançado pelo Sistema Brasileiro de Defesa da Concorrência (SBDC)[1] no exercício das funções de preservar o interesse público e promover a eficiência produtiva. No primeiro semestre de 2005, por exemplo, foram punidos três casos notáveis: o cartel das britas, as taxas cobradas indevidamente pelos terminais portuários em Santos e o compartilhamento de rotas (*codesharing*) que vigorou em 2003 e 2004 entre a TAM e a Varig. No primeiro caso, 17 empresas que operam no mercado de pedra britada na região metropolitana de São Paulo receberam multas que variaram entre 15% e 20% do faturamento anual, pelas práticas de divisão de mercado e colusão de preços. No segundo caso, os cinco terminais que operam no porto de Santos foram punidos pela cobrança indevida de taxas para a liberação de cargas. Conforme indicam os autos do processo, essas taxas distorciam a concorrência no mercado de armazenagem e prejudicavam o comércio exterior do país. No terceiro caso, o fim do *codesharing* TAM-

---

[1] O SBDC é composto pelo Cade, a Secretaria de Acompanhamento Econômico do Ministério da Fazenda (Seae) e a Secretaria de Direito Econômico do Ministério da Justiça (SDE).

Varig restaurou as pressões competitivas no setor de transporte aéreo e promoveu o declínio imediato dos preços das passagens.

Não obstante algumas deficiências, como a falta de funcionários de carreira e a curta duração do mandato dos conselheiros do Cade — apenas dois anos —, a última década na história do SBDC registrou um processo contínuo de aprimoramento, em contraste com o período 1963-1994,[2] quando o direito da concorrência existia apenas no plano das formalidades jurídicas. Esse processo foi marcado por dois tipos de esforços. Em primeiro lugar, o SBDC conferiu prioridade crescente à repressão de condutas anticompetitivas, que é o foco principal da legislação antitruste em economias maduras. Em segundo lugar, reduziu significativamente o tempo médio dispendido na análise dos atos de concentração, sobretudo após a edição do *Guia para análise econômica de atos de concentração horizontal* (Seae/SDE). Introduzido pela Seae em 1999 e atualizado em edição conjunta com a SDE em 2002, o guia tornou mais transparentes os procedimentos e critérios que orientam as decisões das autoridades antitruste.

A principal função do guia é lembrar que a lei antitruste não visa restringir o tamanho das empresas ou promover a desconcentração industrial, mas impedir que o poder de mercado seja exercido em detrimento do interesse público. Este esclarecimento reduz a incerteza das decisões de investimento, sobretudo naquelas indústrias onde os mercados domésticos são muito concentrados, mas as empresas ali estabelecidas só sobrevivem se estiverem preparadas para competir no mercado mundial. Todavia, apesar dos seus méritos, o guia não é isento de limitações, a maioria delas derivada de seu marco analítico, que é o modelo "estrutura-conduta-desempenho" (ECD) da teoria da organização industrial. Cientes dessas restrições, diversos países explicitam que os procedimentos descritos nos seus respectivos guias são flexíveis e que, portanto, não serão aplicados necessariamente em todos os casos. Embora o guia brasileiro também não tenha caráter vinculante, ele tem sido usado com freqüência pelos técnicos do SBDC como se fosse uma tradução fiel dos prin-

---

[2] O direito da concorrência foi introduzido na Constituição brasileira em 1946, mas só veio a ser regulamentado através da Lei 4.137, que criou o Cade em setembro de 1962. Em 1994, os poderes do Cade foram fortalecidos pela Lei 8.884, que estabeleceu as normas atuais que orientam a ação do SBDC.

cípios ditados pela Lei 8.884. Ademais, alguns critérios daquele manual, como tempestividade da entrada e eficiências da operação, tem sido aplicados com excessivo rigor, acentuando ainda mais o irrealismo do modelo ECD e, muitas vezes, levando a decisões contrárias aos objetivos da lei antitruste, conforme veremos adiante neste artigo.

Este artigo visa discutir, em primeiro lugar, os erros cometidos pelo SBDC em decorrência das limitações acima referidas e de alguns eventos circunstanciais, como o risco de decisões populistas. Em segundo lugar, procura identificar os procedimentos que poderiam minimizar esses erros. Para iniciar a análise, a Seção 2 aborda a questão do populismo antitruste, que é uma modalidade particular de um problema mais geral — o da captura — que ocorre em qualquer política pública quando, ao invés de atender às finalidades daquela política, a autoridade privilegia interesses particulares. Esta distorção não advém de atos ilícitos, mas de falhas regulatórias ou da aplicação incorreta das normas legais, como ilustram dois casos da experiência norte-americana ali referidos, Brown Shoe e IBM.

A Seção 3 mostra que, nos casos de fusões e aquisições, o risco de captura pode ser evitado se a análise da operação não focalizar apenas os aspectos relativos ao exercício do poder de mercado, mas examinar também outros fatores explicativos do comportamento das firmas peticionárias. Entretanto, o guia não contém instrumentos para lidar com esses fatores, em virtude do marco analítico subjacente àquele manual.

Esse ponto é elaborado na Seção 4, que destaca as hipóteses simplistas do modelo ECD e sugere uma abordagem que vai além daquelas hipóteses. Essa abordagem privilegia quatro aspectos que estão presentes na maioria das operações de grande porte: a) a presença de empresas multinacionais diversificadas; b) a importância dos investimentos em P&D como instrumentos de competição; c) as peculiaridades da geografia econômica do país; e d) o poder de barganha dos clientes. Para ilustrar esta abordagem, a Seção 5 usa dois casos internacionais complexos, Boeing-McDonnell Douglas e Pilkington, em que os princípios antitruste foram observados rigorosamente, mas as decisões das autoridades não se basearam nos critérios do modelo ECD.

Em seguida, a Seção 6 revê, à luz do esquema analítico da Seção 4, duas fusões importantes na experiência brasileira recente: Nestlé-Garoto, que foi a única operação de grande porte a ser vetada com base no guia Seae/SDE; e Kolynos-Colgate, que foi o primeiro caso a alcançar notoriedade após a edição da Lei 8.884. Por fim, a Seção 7 resume as conclusões do artigo.

O POPULISMO ANTITRUSTE

Quando uma autoridade antitruste investiga uma conduta supostamente anticompetitiva, sua ação consiste em avaliar os eventuais danos ao interesse público advindos de fatos em curso nos mercados relevantes do caso em exame. De acordo com a conhecida classificação de Stigler (1955), tal é a função *corretiva* da política de concorrência, em contraste com a função *preventiva*, que é exercida através do controle de fusões e aquisições. Nesta última função, portanto, a autoridade não dispõe de fatos documentados para analisar, mas trabalha com hipóteses sobre eventos futuros que poderão resultar de mudanças prováveis nas condições de concorrência da economia.

Para avaliar tais mudanças, as autoridades costumam solicitar informações e comentários críticos a quatro tipos de firmas: a) produtores incumbentes nos mercados relevantes do caso; b) clientes das empresas que pretendem se fundir[3]; c) fornecedores de bens e serviços àquelas empresas; e d) competidores potenciais. Embora esse material seja útil para esclarecer diversos aspectos do processo de competição da indústria em exame, é necessário tratar com cautela as opiniões emitidas pelas empresas do tipo *a* e *d*, sobretudo quando elas forem impugnadoras do ato de concentração, já que seus interesses contrários à fusão são diretamente proporcionais à magnitude dos ganhos de eficiência que poderão resultar daquela operação.

Uma forma de exercer a cautela é comparar os argumentos dos competidores com as opiniões das firmas dos tipos *b* e *c*. Para esses agentes, as eficiências potenciais da operação poderão ser benéficas ou neutras, desde que a

---

[3] É importante lembrar que, no caso de fusões em indústrias de bens de consumo, as reações relevantes a serem examinadas *não são* as do consumidor final, mas as dos grupos econômicos que atuam nos setores de distribuição e revenda. Como notou Goldberg (2005, p. 2): "Muitas vezes as grandes cadeias de distribuição e revenda, longe de se caracterizarem como canais neutros de ligação até o consumidor final, são na verdade agentes de mercado que gozam de tremendo poder econômico, capazes de influenciar de forma significativa a formação de preços nos mercados à jusante e à montante."

eventual posição dominante da empresa que vier a resultar da fusão não estimule condutas abusivas, tais como: a) extrair rendas dos clientes e/ou fornecedores através da manipulação das condições de compra e venda nos mercados relevantes; b) no caso de indústrias de rede, restringir o acesso a recursos essenciais (*essential facilities*) às atividades produtivas de clientes ou competidores não verticalizados; c) dificultar o desenvolvimento de tecnologias alternativas àquelas controladas pela firma dominante; d) criar barreiras estratégicas à entrada de novos competidores, através de capacidade ociosa planejada, acordos de exclusividade e/ou segmentação artificial de mercados; e e) liderar práticas colusivas e outras infrações tipificadas na lei antitruste.

Em princípio, a função da autoridade antitruste é verificar se a firma resultante da fusão terá interesse e capacidade de executar as ações acima referidas. A literatura econômica mostra que são freqüentes as situações em que uma grande corporação dispõe de instrumentos para implantar condutas abusivas, mas estão submetidas a normas autolimitadoras impostas por suas prioridades estratégicas, que tornam irracionais aqueles expedientes (Ordover e Baumol, 1988; Scheffman, 1993; Lopatka, 2000). Assim, a comparação entre as visões oferecidas pelos distintos tipos de firmas potencialmente afetadas pela fusão pode esclarecer a natureza das mudanças que serão introduzidas nas condições de concorrência da indústria. O ponto fundamental a ser elucidado é o de saber se os competidores serão prejudicados pelo abuso de uma posição dominante, ou simplesmente porque irá surgir no mercado em questão um produtor mais eficiente do que os demais.

Infelizmente, na história da política antitruste, não foram poucos os eventos nos quais competidores frágeis conseguiram convencer as autoridades de que a presença de um produtor eficiente significava uma ameaça ao bom funcionamento da economia[4]. Dois casos paradigmáticos da experiência norte-americana foram os de um fabricante de sapatos, a Brown Shoe Co., e o da IBM. O primeiro caso, ocorrido na segunda metade dos anos 1950, talvez tenha

---

[4] Tais alegações costumam ocorrer não só em casos de fusões, mas também quando a superioridade da empresa líder decorre de seu esforço inovador, como bem ilustram os casos IBM e Microsoft. Conforme observam Baumol e Ordover (1985, p. 252): "Whenever a competitor becomes too successful or too efficient, whenever his competition threatens to become sufficiently effective to disturb the quiet and easy life his rival is leading, the latter will be tempted to sue on the grounds that the competition is 'unfair'."

sido a decisão mais desastrada do século XX, na avaliação de muitos autores, e tornou-se a referência simbólica do chamado *populismo antitruste* (Bork, 1978; Armentano, 1990). Entretanto, o segundo caso, iniciado em 1967, e só concluído 15 anos depois, pode ter sido ainda mais grave porque causou danos a uma empresa que, à época, operava na fronteira tecnológica da economia mundial.

Em 1956, Brown Shoe Co. ocupava o quarto lugar entre os principais fabricantes de sapatos nos Estados Unidos e detinha cerca de 4% do mercado nacional, numa indústria onde estavam estabelecidas 1.048 firmas naquele ano C. Armentano, 1990). Um de seus competidores era uma empresa familiar, G. R. Kinney Co., cuja parcela de mercado era de apenas 0,5%, mas que possuía uma cadeia de distribuição importante, com mais de 400 lojas em 270 cidades. Desde o final da década anterior, o foco principal da estratégia de crescimento da Brown Shoe concentrava-se na aquisição de pontos de venda, cuja rede já contava com 845 lojas em 1956. Naquele momento existiam mais de *70 mil* pontos de venda no país, mas mesmo assim o Departamento de Justiça (DOJ) decidiu vetar a fusão dessas firmas, argumentando que seria eliminada a competição entre duas marcas com muito prestígio no setor varejista, que o fortalecimento das relações verticais na cadeia produtiva ameaçaria a sobrevivência daqueles fabricantes que não tivessem redes próprias de distribuição, e que, por fim, era necessário conter as tendências concentradoras em curso na indústria de calçados. O caso foi julgado pela Corte Distrital em 1959, e pela Suprema Corte em 1962, e ambas aceitaram os argumentos do DOJ.

Entre o pós-guerra e o início dos anos 1980 a IBM manteve a liderança mundial na indústria de informática que, àquela época, compreendia a produção de computadores e demais equipamentos periféricos, como leitoras/perfuradoras de cartões e fitas de papel, leitoras/gravadoras de discos e fitas magnéticas, impressoras etc. Além de ocupar todos os segmentos da indústria, investir intensamente em pesquisa e desenvolvimento, abrir um número crescente de filiais em diversos países, e lançar periodicamente equipamentos mais velozes e com novos atributos, a estratégia empresarial da IBM buscava estabelecer vínculos duradouros com grandes clientes. Tais vínculos eram construídos através de duas rotinas complementares. Por um lado, sua política de comercialização estimulava os clientes a alugar os equipamentos, ao invés de comprá-los, para facilitar a substituição por novos modelos. Por outro lado, os contratos de aluguel incluíam programas de treinamento e atualização tecnológica dos funcionários dos clientes. Assim, uma vez firmado o primeiro contrato, dificilmente o cliente deixaria de renová-lo, dados os custos de retreinamento das equipes técnicas e a cultura criada na empresa em favor dos equipamentos IBM.

Em 1967, quando a Divisão Antitruste do DOJ iniciou a investigação, a IBM detinha 74% do mercado americano de computadores. Seus competidores alegavam que essa posição decorria de inúmeras práticas ilícitas, como preços predatórios, anúncios prematuros de novos produtos para forçar a obsolescência dos equipamentos concorrentes, domínio artificial dos demais segmentos da indústria, já que os computadores IBM não eram compatíveis com os equipamentos periféricos de outras marcas, criação de barreiras estratégicas através de contratos de longo prazo com os principais clientes, e obstáculos ao desenvolvimento de empresas independentes nas áreas de *software* e serviços de manutenção. Segundo Lopatka (2000), a demanda consumiu 700 dias de investigações e julgamento, 860 depoimentos de testemunhas, e 104.400 páginas de transcrições durante as gestões de sete chefes da Divisão Antitruste. As despesas governamentais com o caso foram de 16,8 milhões de dólares, e os custos privados, incluindo todas as partes envolvidas, oscilaram entre 50 e 100 milhões *anuais*. Em 1982, o governo decidiu encerrar a investigação, por falta de provas contra a IBM. Conforme resumiu Lopatka (2000, p. 146): "United States v. IBM is the greatest waste of resources in the history of antitrust enforcement."

O debate sobre estes dois casos gerou, entretanto, contribuições importantes para o aprimoramento da política antitruste. O caso Brown Shoe tornou evidente que condutas anticompetitivas são insustentáveis em indústrias onde não existem assimetrias de informação, as barreiras à entrada são irrelevantes, e a elasticidade-preço da demanda é elevada. Portanto, a autoridade antitruste não deve se preocupar com os atos de concentração em indústrias deste tipo. O caso IBM mostrou que a manutenção de posições dominantes em indústrias onde o ritmo de progresso técnico é intenso não implica necessariamente danos ao interesse público. Assim, a autoridade deve analisar o comportamento dessas indústrias com a cautela e o ceticismo recomendados pela escola de Chicago:

> "Doubt that we know the optimal organization of industries and markets. Doubt that government could use that knowledge, if it existed, to improve things, given the ubiquitous private adjustments that so often defeat public plans, so that by the time knowledge had been put to use the world has moved on." (Easterbrook, 1992, p.119.)

CAUSAS E CONSEQÜÊNCIAS DOS ATOS DE CONCENTRAÇÃO

Para avaliar corretamente as opiniões dos clientes, fornecedores e concorrentes das firmas que pretendem se fundir, a autoridade antitruste deveria, em princípio, conhecer a estratégia empresarial subjacente àquela operação. Embora certos detalhes da estratégia envolvam dados sigilosos que as requerentes não irão revelar, a maioria das variáveis explicativas do processo de competição na indústria em análise pode ser obtida a partir de sua evolução recente no país e no exterior. Tais variáveis, que são de domínio público, incluem: a) ritmo de crescimento dos mercados relevantes da operação; b) condições de acesso aos insumos produtivos e demais características da cadeia produtiva onde a indústria está inserida (grau de integração vertical das firmas que operam nos distintos segmentos da cadeia, poder de compra dos usuários e importância dos canais de distribuição); c) histórico da entrada de novos competidores e sua eventual taxa de mortalidade; d) restrições institucionais e regulatórias; e) natureza das tecnologias vigentes e ritmo das inovações; f) hábitos dos consumidores; e g) grau de internacionalização do processo produtivo.

A literatura sobre a evolução de grandes empresas não oferece uma teoria geral sobre fusões e aquisições, mas apenas discute as situações típicas em que tais operações se tornam um instrumento complementar — ou alternativo — à acumulação interna para sustentar o crescimento da firma (Prais, 1981 e Sutton, 1980). De fato, cada ato de concentração resulta de uma combinação particular de eventos oriundos da história das requerentes, do foco de suas estratégias de crescimento e das condições de concorrência vigentes no momento da operação. Assim, as decisões normativas sobre as conseqüências desses atos requerem um horizonte analítico de longo prazo, já que, na maioria dos setores industriais, os principais resultados só surgirão vários anos após a operação.[5]

Uma situação bem estudada é a de indústrias emergentes, em que o ritmo de entrada de novas empresas é elevado e um dos principais obstáculos à acumulação de capital é a escassez de capacidade gerencial. Nesse caso, o acesso ao conhecimento adquirido por outros competidores através de experiências recentes — e ainda não difundidas na indústria — é um recurso fundamental para reduzir o grau de incerteza na escolha de estratégias alternativas para o crescimento da firma (Holmstrom e Roberts, 1998). Esse conhecimento pode estar incorporado em três tipos de ativos, aqueles específicos ao produto, ao mercado e às atividades de pesquisa e desenvolvimento (Ordover e Baumol, 1988). O primeiro tipo de ativo inclui as instalações para produzir os bens de grande aceitação no mercado naquele momento. Em indústrias nascentes, o controle sobre uma parcela expressiva da capacidade produtiva dos bens de primeira geração costuma ser um pré-requisito para o sucesso dos modelos de gerações seguintes, quando o consumidor não está familiarizado com a inovação, mas confia no fabricante. Logo, a aquisição de instalações já testadas é também um investimento em reputação, que é um dos ativos específicos ao mercado tão importante quanto os canais de distribuição para manter a fidelidade dos clientes. Da mesma forma, o aprendizado produtivo e o acompanhamento dos hábitos dos consumidores são recursos decisivos para definir os investimentos em P&D, sobretudo nos primeiros anos de uma indústria nascente. Por outro lado, a taxa de retorno desses investimentos varia com o tamanho da base produtiva da empresa e o grau de fidelidade de seus clientes.

Assim, as principais conseqüências dos atos de concentração em indústrias nascentes decorrem das sinergias entre os ativos controlados pelas reque-

---

[5]Conforme apontou um autor com vários anos de experiência na *Federal Trade Commission* dos Estados Unidos: "To sum up, a merger, particularly a horizontal merger, must be seen as a profound strategic action that is fundamentally driven by long-run strategic goals. Thinking about merger benefits and costs in terms of short-run cost or market power considerations is unlikely to shed much light on why a particular merger is undertaken." (Scheffman, 1993, p. 719.)

rentes. A fusão entre empresas detentoras de um único tipo de ativo pode eventualmente provocar uma elevação imediata de suas parcelas de mercado, mas este resultado será efêmero se existirem outras firmas com um perfil mais adequado para enfrentar a competição futura, quando novas gerações de produtos estiverem disponíveis no mercado. De fato, a combinação de ativos associados a reputação, capacidade inovadora e base produtiva, anteriormente dispersos entre os parceiros, costuma ser a marca de fusões bem-sucedidas em indústrias emergentes, independentemente do tamanho das firmas envolvidas na operação (Prais, 1981).

Outra situação típica é a da introdução de inovações importantes em indústrias tradicionais. Ao longo do século XX, o processo de difusão de inovações nessas indústrias sempre foi acompanhado por ciclos de fusões e aquisições. Alguns exemplos notáveis foram os de teares sem lançadeira na indústria têxtil, máquinas-ferramenta com controle numérico no complexo metal-mecânico, o *float process* na produção de vidro plano, prensas especiais na indústria de papel, laminadores contínuos e conversores a oxigênio na siderurgia, e o processo de via seca na fabricação de cimento (Nabseth e Ray, 1974). Nesse caso, a fusão visava cumprir três objetivos principais: facilitar a substituição das instalações que se tornaram obsoletas com a inovação, explorar as economias de escala e escopo criadas pela nova base técnica, e redefinir as rotinas organizacionais da empresa para enfrentar as novas condições de concorrência vigentes na indústria.

AS LIMITAÇÕES DOS GUIAS PARA A ANÁLISE DE FUSÕES

Durante a década de 1990, a maioria dos países onde a política de concorrência havia adquirido alguma relevância passou a adotar guias para a análise de fusões similares àqueles que as autoridades norte-americanas vinham aplicando desde 1982. Estes guias descrevem um conjunto de procedimentos inspirados num ponto solidamente estabelecido pelo modelo ECD, o de que o exercício do poder de mercado só é viável se a indústria em análise apresentar pelo menos três características: graus elevados de concentração, barreiras à entrada significativas e baixa elasticidade-preço da demanda. Como esse conjunto de características não costuma aparecer em cerca de 95% dos casos, a principal conseqüência prática do guia é a de indicar que a autoridade antitruste irá aprovar a maioria das operações. Além de evitar erros do tipo Brown Shoe, o guia confere transparência e previsibilidade à política de concorrência.

Embora os critérios do guia sejam indiscutíveis quando aplicados a operações que mereçam ser aprovadas sem restrições, o mesmo não ocorre em relação à parcela de 5% dos casos onde, segundo as prescrições do modelo ECD, seria recomendável impor algum tipo de veto, parcial ou total, à operação. Conforme observou Willig (1991), a metodologia descrita no guia é deliberadamente simplista e genérica, a fim de destacar os vínculos entre delimitação do mercado, concentração e impacto sobre o bem-estar.[6] Para avaliar tal impacto, a teoria econômica oferece diversos modelos de competição oligopolista que visam identificar os preços e as quantidades de equilíbrio no mercado relevante após a fusão (Shapiro, 1989). Os exercícios econométricos baseados nesses modelos costumam produzir resultados polêmicos devido a dois motivos principais. O primeiro reside no uso sistemático de instrumentos irrealistas, como equações lineares de demanda e funções de produção com rendimentos constantes, que eliminam determinadas características do processo de competição que freqüentemente são indispensáveis para analisar o poder de mercado em situações concretas. O segundo motivo decorre da extrema sensibilidade dos modelos em relação a mudanças mínimas nas hipóteses básicas, como bem sabem os econometristas.

Em virtude dessas limitações, o guia norte-americano frisa que os procedimentos ali descritos apenas indicam uma metodologia de análise, e não implicam o compromisso de que as decisões das autoridades serão baseadas exclusivamente nos dados obtidos através das perguntas listadas no guia. Ademais, em certos casos, aqueles dados poderão ser ignorados.[7] Já o guia brasi-

---

[6]"This treatment assumes that there are no efficiencies directly or indirectly by the merger, no dynamic effects, and there is no possibility of entry into the market." (Willig, 1991, p. 286.)

[7]"The Guidelines are designed primarily to articulate the analytical framework the Agency applies in determining whether a merger is likely substantially to lessen competition, *not to describe how the Agency will conduct the litigation* of cases it decides to bring. Although relevant in the latter context, the factors contemplated in the Guidelines *neither dictate nor exhaust the range of evidence* that the Agency *must or may* introduce in litigation." (DOJ-FTC, 1997, p. 1-2.) (Itálicos meus.)

leiro é mais inflexível: "Estes procedimentos e princípios articulam as principais etapas da análise antitruste e procuram ser, na prática, um instrumento de aplicação da regra da razão." (Seae/SDE, 2002, p. 11.) As secretarias esclarecem, contudo, que essa metodologia não se aplica a casos de menor relevância.[8]

De fato, quando existe a possibilidade, ainda que remota, de que o poder de mercado das peticionárias seria fortalecido após a fusão, a análise antitruste precisa ir além dos resultados fornecidos pelos modelos simplistas de competição oligopolista. O primeiro tópico a ser revisto é o do equilíbrio estável de preços e quantidades pós-fusão, já que esse resultado só se sustenta sob as hipóteses de rendimentos decrescentes ou constantes. No caso de rendimentos crescentes, que é a característica típica da atividade industrial, a evolução do setor pode incluir diversas trajetórias alternativas de crescimento, com momentos eventuais de equilíbrio transitório, além da situação mais comum, que é a da instabilidade permanente.[9] O ponto de partida para estudar essas trajetórias consiste no exame das variáveis explicativas do processo de competição vigente na indústria em análise, conforme discutimos na Seção 3. Tal exame visa identificar o impacto da fusão sobre o cenário de longo prazo referido por Scheffman (1993), que compreende o ritmo de crescimento da produção e dos investimentos, inclusive em pesquisa e desenvolvimento (P&D), o lançamento de novos produtos e novas tecnologias, o comportamento dos índices de produtividade total dos fatores e, por fim, a competitividade internacional da indústria doméstica.

O escopo desse exercício é, portanto, mais amplo do que a análise convencional das eficiências da fusão, tal como descrita no guia. Além disso, a discussão do cenário de longo prazo pode requerer atenção especial a vários temas sobre os quais a metodologia do guia é omissa ou inadequada, tais como: a) poder de mercado em indústrias onde o ritmo de inovação é intenso; b) barrei-

---

[8]"Por questão de economia processual, as secretarias poderão não aplicar o guia nas operações que, a critério das mesmas, não tragam impacto real sobre a concorrência, aplicando-se nesses casos um rito sumário de análise." (Seae/SDE, 2002, p. 12.)

[9]Por exemplo, nos últimos 25 anos, os índices de preços hedônicos de computadores pessoais vendidos nos Estados Unidos registraram um declínio anual da ordem de 15 a 20% (Feestra e Knittel, 2004 e Tavares, 1998). Esse índice mede as variações de preços ponderadas pelas inovações introduzidas nos computadores a cada ano, levando em conta o tamanho de memória, velocidade de processamento e capacidade de disco rígido. Esse é um caso radical, mas não raro, de desequilíbrio permanente. Na verdade, trajetórias de crescimento instável costumam ocorrer em qualquer indústria em que o ritmo de progresso técnico é pelo menos moderado.

ras à entrada em indústrias cuja configuração é determinada pela geografia econômica do país; c) condutas de clientes com poder de compra; d) evolução do mercado relevante quando as incumbentes também competem em outros mercados; e) papel da concorrência potencial em indústrias nas quais o período de maturação dos investimentos é superior a dois anos.

Ao longo do século XX, tornou-se crescente o número de indústrias nas quais os gastos em P&D constituem um instrumento de competição que cumpre dois objetivos. O primeiro visa elevar a eficiência da firma através de inovações incrementais oriundas dos paradigmas tecnológicos conhecidos. O segundo, mais ambicioso e incerto, procura redefinir o escopo da indústria através de inovações radicais, dando início ao processo schumpeteriano de destruição criadora. A primeira estratégia é conhecida como *competição no mercado*, e a segunda como *competição pelo mercado* (Evans e Schmalensee, 2001). Em ambos os casos, o poder de mercado e a lucratividade excepcional das empresas líderes são atributos inerentes ao dinamismo da indústria. Esses fatos contrariam, evidentemente, a hipótese básica do modelo ECD, posto que o grau de concentração e outras características estruturais dessas indústrias, como distribuição de tamanhos de firmas e barreiras à entrada, não podem ser tratados como variáveis exógenas, como quer aquele modelo, porque constituem resultados naturais da interação entre progresso técnico, formas de concorrência e tamanho do mercado.

Uma aplicação burocrática dos critérios do guia em indústrias desse tipo levaria, sem dúvida, ao veto ou à imposição de restrições drásticas a qualquer fusão envolvendo empresas-líderes. De fato, as peticionárias controlariam parcelas substanciais dos mercados relevantes; os concorrentes potenciais importantes — isto é, aqueles detentores de ativos tecnológicos que poderiam resultar em inovações radicais — não seriam identificáveis; novos produtores de bens similares aos das peticionárias não gerariam rivalidade efetiva, por falta de reputação; e o poder de mercado da firma resultante da fusão seria, portanto, incontestável. Contudo, decisões antitruste baseadas nesses critérios beneficiariam apenas os produtores mais frágeis, além de, provavelmente, arrefecer o dinamismo da indústria.

Enquanto, em indústrias de alta tecnologia as barreiras à entrada que pareciam intransponíveis podem desaparecer repentinamente com o advento de uma inovação radical, em indústrias cuja configuração resulta da geografia econômica do país, tais barreiras são, em geral, permanentes. O setor de mineração é o exemplo mais conhecido, mas as restrições impostas pela geografia também se manifestam, com menor intensidade, em setores de infra-estrutura, como energia e transportes; segmentos da indústria de bens de capital, como máquinas agrícolas e equipamentos sob encomenda; e na cadeia produtiva do agronegócio. No caso da mineração, tanto a configuração industrial quanto os níveis de competitividade internacional das firmas que ali operam, decorrem de fatores ligados direta ou indiretamente à geografia. A eficiência de uma empresa mineradora baseia-se, em primeiro lugar, na qualidade do minério, na localização da suas minas e no tamanho de suas reservas minerais. Esses parâmetros geológicos irão determinar a escala e a rentabilidade potencial da atividade mineradora, cuja realização dependerá de dois outros fatores também associados à geografia do país: o traçado das ferrovias e a localização dos portos. Em síntese, a competitividade internacional da empresa dependerá, de um lado, das economias de escala na mineração, e, de outro, das economias de escala, escopo e densidade na operação dos serviços de logística. Naqueles países onde a natureza permitir a realização de tais rendimentos, o setor de mineração será marcado pela presença de grandes empresas com alta rentabilidade, minérios de boa qualidade, e uma configuração oligopolista ou monopolista.

O principal motivo para a fusão de empresas mineradoras é, portanto, a busca de economias de escala e escopo mais elevadas. Um dos resultados inevitáveis da operação será o fortalecimento do poder de mercado das peticionárias, com o agravante de que as barreiras à entrada não são transitórias, como nas indústrias de alta tecnologia. Entretanto, nesse caso, o parâmetro de referência para a análise das eficiências não é o bem-estar do consumidor final, mas o impacto sobre os clientes imediatos das peticionárias, que são as indústrias produtoras de bens intermediários, cuja configuração usual é oligopolista. Assim, não cabe analisar "a equação de demanda" de minérios, porque nesse caso o consumidor não é uma pessoa física, incapaz de influir nas condições de oferta, mas um cliente sofisticado, com poder de barganha para partilhar os ganhos de eficiência advindos da fusão. A evolução dos preços do minério após a fusão resultará de um processo de negociação marcado pela interdependência entre compradores e vendedores. O poder de cada lado dependerá de vários fatores, como o tamanho relativo das duas indústrias, seus respectivos graus de internacionalização, o eventual poder disciplinador das importações, as possibilidades de integração vertical de ambos os lados, e o peso do minério na composição do preço dos bens intermediários.

Além de não fornecer um marco conceitual adequado para tratar as relações entre poder de mercado, lucratividade e barreiras à entrada em diversas configurações industriais, como as discutidas nos parágrafos anteriores, a metodologia do guia é inadequada para prever a evolução do mercado relevante quando as incumbentes também operam em outros mercados. Toda grande empresa diversificada possui um plano estratégico de longo prazo cuja execução implica a revisão periódica dos interesses da firma em cada um de seus mercados. Assim, a conduta da firma naqueles mercados obedece não só às características da configuração ali vigente, mas, sobretudo, às prioridades globais da corporação. São comuns os casos em que uma firma detentora de parcela significativa de um determinado mercado venda aquele ativo em virtude de mudanças de foco no seu plano estratégico. Quando isto acontece, interessa à firma divulgar, pelo menos, algumas de suas novas prioridades, a fim de valorizar o ativo que está vendendo. Tal anúncio, que em geral diz respeito a metas de longo prazo, provoca reações imediatas de outros competidores nos distintos mercados onde a firma opera.

O guia, entretanto, adota a abordagem usual nos modelos de competição oligopolista, e, após definir o mercado relevante, trabalha com a hipótese de que as firmas incumbentes *só* operam naquele mercado. Ademais, considera que a entrada de novos competidores só será tempestiva se ocorrer em até *dois anos*. "Neste prazo, incluem-se todas as etapas necessárias à entrada no mercado, tais como planejamento, desenho do produto, estudo de mercado, obtenção de licenças e permissões, construção e operação da planta, promoção e distribuição do produto." (Seae/SDE, 2002, p. 30.)[10] Além de irrealista, esse prazo é

---

[10] Seria interessante que, em edições futuras, o guia apresentasse exemplos de indústrias que cumprem esses requisitos, que, aliás, incluem várias outras atividades não explicitadas no texto supracitado, como contratação e treinamento de mão-de-obra, seleção de gerentes, formação de eventuais parcerias, negociação de contratos com fornecedores de insumos, obtenção de financiamento, compra de bens de capital sob encomenda etc.

inútil para a maioria das indústrias contemporâneas. Quando uma grande empresa dá início a um projeto de investimento, o simples anúncio do fato é suficiente para mudar as condições atuais de concorrência nas indústrias que serão afetadas pelo projeto, mesmo que a planta só entre em operação cinco ou seis anos mais tarde.

MONOPOLISTAS BEM COMPORTADOS

A fusão Boeing-McDonnell Douglas é um exemplo contundente da inadequação do modelo ECD para lidar com atos de concentração complexos. Se as recomendações do guia quanto a barreiras à entrada, tempestividade e grau de concentração tivessem sido consideradas pelas autoridades, a operação certamente seria vetada. Entretanto, ela foi submetida à Federal Trade Commission (FTC) e à Comissão Européia no início de 1997, e aprovada seis meses depois em ambas as jurisdições. Em lugar dos critérios do guia, aquelas autoridades formularam suas decisões com base nas peculiaridades do processo de competição na indústria aeronáutica e nas perspectivas de longo prazo após a fusão, tal como sugerido na seção anterior.

Desde meados da década de 1980, o mercado mundial de jatos com mais de 100 assentos era atendido por três empresas: as duas peticionárias norte-americanas e Airbus, um consórcio empresarial europeu formado na década anterior, com elevada participação dos governos da Alemanha, Espanha, França e Reino Unido. A participação média da Boeing nesse mercado nos 10 anos anteriores à fusão havia sido de 60%, enquanto as parcelas da Airbus e McDonnell Douglas oscilaram em torno de 29% e 11%, respectivamente. Do lado da demanda comercial, o mercado também era razoavelmente concentrado. Em 1996, existiam cerca de 250 companhias aéreas com frota superior a cinco aviões. Entretanto, as 12 maiores empresas operavam 50% da frota mundial (Comissão Européia, caso nº IV/M.877). Do lado militar, o principal comprador era o Departamento de Defesa dos Estados Unidos, cujo poder de barganha dispensa avaliações.

As barreiras à entrada eram virtualmente intransponíveis, dados os custos elevados de P&D e, sobretudo, a vasta coleção de modelos fracassados que marcou a história dessa indústria no século XX. Não por acaso, nos 30 anos anteriores à fusão, a única firma entrante havia sido Airbus. Para lançar uma nova série de um modelo já em operação, as atividades de desenho, teste, certificação, produção e comercialização costumam levar entre três e cinco anos, e os custos de P&D podem variar entre um e três bilhões de dólares, antes que a primeira unidade seja vendida. Tais custos podem alcançar US$ 10 bilhões, quando se tratar de novo modelo de um jato de grande porte. Nesse caso, o fabricante precisará vender pelo menos 600 aviões para recuperar os gastos iniciais em P&D. Na história da aviação comercial, apenas *nove* modelos de jatos de grande porte superaram a marca de mil unidades vendidas. (Boeder e Dorman, 2000)

Em 1º de julho de 1997, ao aprovar sem restrições a operação, a FTC julgou conveniente enfatizar que o caso havia sido analisado exclusivamente sob a ótica antitruste, e que, em particular, a decisão não visava restringir as condições de concorrência no mercado internacional para promover interesses exportadores norte-americanos:

> "We do not have the discretion to authorize anticompetitive but 'good' mergers because they may be thought to advance the United States' trade interests. If they were thought to be a wise approach, only Congress could implement it. In any event, the 'national champion' argument is almost certainly a delusion. In reality, the best way to boost the United States' exports, address concerns about the balance of trade, and create jobs is to require United States' firms to compete vigorously at home and abroad." (FTC, file nº 971-0051, p. 1.)

A decisão da FTC foi baseada em três motivos. Em primeiro lugar, embora a McDonnell Douglas não fosse uma firma insolvente, seu poder de competição nos mercados de aviação comercial e militar havia se tornado insignificante, e a análise do caso não identificou a possibilidade de que esta situação poderia ser alterada através de alguma estratégia economicamente sustentável a longo prazo. Por outro lado, a complementaridade dos ativos das peticionárias indicava a existência de economias de escala e escopo que poderiam ser exploradas após a fusão. Em segundo lugar, a FTC entrevistou, além das 12 principais companhias aéreas, cerca de 30 firmas de pequeno e médio porte em diversos países. Nenhuma delas apresentou qualquer crítica à operação. Em terceiro lugar, o Departamento de Defesa apoiava ativamente a fusão, porque grande parte das eficiências potenciais seriam apropriadas pelo governo, através da redução de custos no orçamento militar.

A FTC manifestou, entretanto, preocupação com os contratos de exclusividade que a Boeing havia firmado em 1996 com a American Airlines, Delta e Continental, cuja duração era de 20 anos. Como estes acordos implicavam o fechamento de 11% do mercado mundial, a FTC anunciou que iria monitorar os impactos anticompetitivos que deles poderiam advir. Esta declaração foi, entretanto, superada pela decisão da Comissão Européia em 30 de julho, que só aprovou a operação sob a condição de que a Boeing não iria exercer seus direitos de exclusividade naqueles contratos, e que não firmaria outros compromissos similares até 2007.

A discussão do caso na Comissão Européia foi marcada por fortes pressões políticas. Por um lado, com base no acordo de cooperação para tratar casos antitruste de interesse bilateral, firmado pelos Estados Unidos e a União Européia em 1991, os Departamentos de Defesa e de Justiça encaminharam, em 13 de julho, uma manifestação formal à Comissão, expondo as razões pelas quais interessava ao governo americano que a fusão também fosse aprovada naquela jurisdição. Embora documentos deste tipo fossem rotineiros no âmbito do acordo bilateral, sua importância foi magnificada nesse caso, porque outras autoridades, como o vice-presidente Al Gore e o senador Trent Lott, líder da maioria no Senado, também haviam opinado enfaticamente a favor da fusão, em várias oportunidades, durante o primeiro semestre de 1997. Por outro lado, a Airbus, com suporte de seus acionistas governamentais, procurava usar todos os recursos ao seu alcance para impugnar a operação. Conforme comentaram dois consultores da Boeing neste caso:

> "Representatives of the merging companies [...] were struck throughout the EC merger review process by the extent to which the positions of arch rival Airbus appeared to be given absolute credibility, despite their inconsistency with its prior public pronouncements, and the extent to which effects on Airbus were given high priority while evidence of customer support or neutrality toward the merger were either ignored or incorrectly cited." (Boeder e Dorman, 2000, p. 1.)

A decisão da Comissão foi inovadora, embora baseada numa avaliação idêntica à da FTC quanto às condições de concorrência em vigor no mercado internacional e à perspectiva de longo prazo da indústria aeronáutica. Além de reconhecer os méritos da operação, e de ter sido mais rigorosa em relação aos contratos de exclusividade, a Comissão impôs uma série de restrições moderadas cujo teor, de fato, aprimoraram a decisão da FTC. As restrições visaram quatro objetivos: a) preservar os interesses dos clientes da divisão comercial da McDonnell Douglas, cuja parcela expressiva era formada por firmas européias; b) conferir, na medida do possível, maior transparência aos projetos de P&D executados pela Boeing com recursos do Departamento de Defesa; c) assegurar que a Boeing não iria dificultar a transferência de tecnologia aos fabricantes de aviões de pequeno e médio porte; d) evitar condutas abusivas da Boeing em relação aos produtores de componentes para a indústria aeronáutica.

Um precedente célebre de decisões desse tipo foi estabelecido pela Monopolies Commission do Reino Unido no caso Pilkington. Em 1968, as autoridades britânicas concluíram uma investigação sobre aquela empresa, que, na década de 1950, havia se tornado monopolista no mercado doméstico de vidro plano, após uma seqüência de aquisições iniciada nos anos 1930. À época da investigação, a Pilkington era a empresa mais eficiente do mundo na produção de vidro plano, graças ao controle de uma tecnologia revolucionária, o *float process*, que ela havia introduzido em 1959. Além de dominar o mercado britânico, a Pilkington ditava as regras do jogo de um oligopólio internacional controlado por ela e três outras empresas: Saint Gobain, Pittsburgh Plate Glass e Libbey-Owens-Ford. Seus concorrentes no mercado internacional dependiam de uma tecnologia cujos segredos só ela conhecia, e procuravam acompanhar os níveis de preços que ela estabelecia através de suas exportações e de suas subsidiárias em diversos países.

Em sua análise do caso, a Monopolies Commission privilegiou três aspectos: a) nenhuma empresa seria capaz de competir com a Pilkington no mercado britânico, quer através de exportações àquele mercado, ou pelo estabelecimento de filiais no Reino Unido; b) após haver se tornado monopolista, a Pilkington adotou uma política de reajuste de preços no mercado doméstico cujos índices eram ligeiramente inferiores aos da inflação nacional; c) a empresa beneficiava sistematicamente o balanço de pagamentos do país através de suas exportações, das receitas advindas de *royalties* do *float process* e remessas de lucros de suas subsidiárias (Monopolies Commission, 1968). Com base nesses fatos, a Comissão concluiu que a manutenção do monopólio da Pilkington atendia ao interesse público britânico, e sua única determinação foi a de eliminar a tarifa de 20% que até então incidia sobre as importações de vidro. Embora essa tarifa fosse supérflua, a Comissão considerou que seria irracional conferir proteção aduaneira a uma empresa monopolista. Este, aliás, foi outro precedente importante estabelecido neste caso, que posteriormente foi adotado em diversas jurisdições, mas não no Brasil.[11]

A EXPERIÊNCIA BRASILEIRA RECENTE: NESTLÉ-GAROTO E KOLYNOS-COLGATE

De 1934, quando a marca Garoto foi lançada, até o início da década de 1990, a indústria brasileira de chocolates era composta quase exclusivamente por firmas locais, salvo uma exceção importante, a Nestlé, que havia instalado uma subsidiária no país em 1921. Esse quadro mudou rapidamente nos últimos 15 anos, com a entrada de outras multinacionais como Kraft, Hersheys, Mars e Cadbury. As origens desse processo são conhecidas: a abertura da economia no Brasil e em outros países da América Latina, a formação do Mercosul, do Nafta, e a perspectiva de proliferação de áreas regionais de livre comércio, como a Alca e o acordo Mercosul-União Européia. Diante dessas mudanças, efetivas ou imaginárias, aquelas empresas reavaliariam suas estratégias em relação à América Latina, tal como ocorreu em várias outras indústrias durante a década passada.

Atualmente, as duas empresas-líderes no mercado brasileiro são Nestlé e Kraft. A primeira, fundada em 1866, é o maior fabricante mundial de alimen-

---

[11]O artigo 7, inciso X, da Lei 8.884, confere ao Cade competência para requisitar aos órgãos do Poder Executivo Federal as medidas necessárias ao cumprimento daquela lei. Entretanto, até o presente, o conselho nunca recomendou a abolição de tarifas aduaneiras em atos de concentração de grande relevância. Cabe recordar apenas dois exemplos notáveis, os casos Ambev e Nestlé-Garoto: as tarifas de cerveja e chocolate são idênticas — 20%. No primeiro caso a proteção pode ser supérflua, mas no segundo certamente não é.

tos, com subsidiárias em mais de 100 países. Suas linhas de produção incluem dezenas de marcas tradicionais nos ramos de bebidas, sorvetes, chocolates, alimentação infantil, condimentos, sopas, massas, rações animais, nutrientes etc. Sua trajetória de crescimento nos últimos 50 anos foi sustentada por dois instrumentos principais: gastos em P&D e aquisições de empresas. Seu centro tecnológico emprega 650 funcionários, entre os quais 300 cientistas de 50 nacionalidades, distribuídos em oito departamentos dedicados a pesquisa básica e aplicada em áreas como biotecnologia, comportamento alimentar do consumidor, nutrição, segurança alimentar e controle de qualidade. Em 2004, por exemplo, aquele centro produziu 20 patentes e 268 publicações científicas. Quanto ao outro instrumento estratégico, a Nestlé adquiriu 10 empresas entre 1985 e 2004, entre as quais marcas famosas como Perrier, Carnation, Purina, Sanpellegrino, Rowntree e Buitoni-Perugina, além de participações societárias em outros empreendimentos.

A Kraft, fundada em 1903, é a segunda maior empresa na indústria mundial de alimentos, e a primeira nos Estados Unidos, com cerca de 200 unidades produtivas em 150 países. Sua estratégia de crescimento é similar à da Nestlé, embora seja mais ativa ainda em fusões e aquisições, tendo realizado mais de 20 operações nas duas últimas décadas, entre as quais a compra em 1996 de uma firma brasileira, a Lacta. Suas atividades de P&D estão distribuídas em nove centros tecnológicos, um dos quais no Brasil.

Como vimos na Seção 4, em indústrias intensivas em P&D, as estratégias das firmas têm dois focos: a competição no mercado atual e a disputa por novos mercados. Embora as inovações schumpeterianas na indústria de alimentos não sejam tão freqüentes quanto em outros ramos como biotecnologia, química, farmacêutica, *software* e telecomunicações, a competitividade internacional da Nestlé e da Kraft no século XX resultou de alguns inventos que mudaram os hábitos de consumo e sustentaram lucros monopolistas por longos períodos. Os exemplos mais notáveis foram o café sem cafeína, bebidas dietéticas, leite em pó, queijo Philadelphia, café instantâneo e leite condensado. No âmbito da competição nos mercados vigentes, a década de 1990 significou, para a subsidiária brasileira da Nestlé, o final de uma longa era de convivência pacífica com a Lacta e a Garoto num mercado protegido por barreiras aduaneiras intransponíveis. Neste contexto, com base na experiência adquirida no período anterior, e diante da compra da Lacta por seu principal rival no resto do mundo, a Nestlé decidiu incorporar a Garoto em 2002.

Embora a operação tenha permanecido em análise no SBDC durante dois anos, os aspectos referidos nos parágrafos anteriores foram ignorados, conforme mostra o voto do conselheiro que apresentou o caso ao plenário do Cade em fevereiro de 2004, seguindo religiosamente a litania do guia. De início, o relator identificou três mercados relevantes nacionais onde a operação elevaria o grau de concentração: a) achocolatados (incluindo cacau e chocolate em pó); b) chocolates sob todas as formas; c) cobertura de chocolate. Nos dois primeiros mercados, as fatias da Nestlé subiriam de 58% para 61%, e de 34% para 58,4%, respectivamente. No terceiro mercado, a situação era mais intrincada. Até 1998, os únicos produtores de cobertura de chocolate eram as peticionárias, sendo que a Garoto detinha 78% do mercado. Em 1999, uma empresa argentina, Arcor, começou a fabricar esse produto no Brasil, e, dois anos mais tarde, já havia ocupado 11,4% do mercado, provocando uma redução equivalente na fatia da Garoto, enquanto a posição da Nestlé permaneceu inalterada, em torno de 22%. Assim, após a fusão, esta parcela subiria para 88,6%.

Em seguida, analisou as barreiras à entrada nesses mercados, e concluiu que em nenhum deles os lucros extraordinários das incumbentes iriam atrair novos competidores "de forma suficientemente rápida (período aproximado de 12 a 24 meses)." Atenção especial foi dedicada ao mercado de cobertura de chocolate, devido não só ao elevado grau de concentração, mas também porque esse produto é um insumo para outros fabricantes de chocolate. Apesar do desempenho recente da Arcor, e do comportamento do mercado durante o longo período em que estivera sob o domínio exclusivo das peticionárias, o relator avaliou que não surgiriam novos entrantes no futuro próximo, que a Arcor não iria continuar expandindo sua produção, e que, portanto, a conseqüência mais provável da operação seria a colusão entre as duas firmas remanescentes, embora esse tipo de conduta não tenha ocorrido na fase anterior a 1998.

Continuando a análise, o voto passa a examinar a rivalidade nos mercados sob as hipóteses de que as incumbentes só produziriam aqueles três tipos de produtos, e que suas condutas estariam restritas à maximização dos lucros naqueles mercados no curto prazo, independentemente dos interesses globais de suas matrizes. Estavam assim estabelecidas as condições para a entrada no mundo lúdico dos modelos de competição oligopolista, onde a grande diversão é descobrir o equilíbrio de preços e quantidades pós-fusão. A partir daí, o texto se transforma num relato do acirrado debate econométrico travado entre consultores da Kraft e da Nestlé nos meses anteriores ao julgamento do caso. Após revisar várias simulações baseadas em oligopólios à la Bertrand, estáticos e dinâmicos, jogos superpostos, modelos de Monte Carlo etc., o relator conclui que os resultados da Kraft eram mais convincentes, ao indicar uma provável elevação de preços da ordem de 12%.

Pelo menos duas questões pedestres, mas fundamentais para o julgamento do caso, ficaram à margem daquela sofisticada tertúlia: Como reagiriam à fusão os principais compradores de chocolates, que são os supermercados? Não teriam eles qualquer influência na formação do preço final do produto? Quando estava analisando as barreiras à entrada, o relator notou que "cerca de 70% das vendas de chocolates é realizada no canal auto-serviço por supermercados e hipermercados, que possuem centros de distribuição abastecidos diretamente pelo fabricante". Mas, no resto do texto, este ponto foi abandonado, e o voto continua a supor que as fábricas vendam diretamente aos consumidores.

Por fim, ao analisar as eficiências, o relator aceita apenas três itens — entre os 13 apresentados pela Nestlé — como sendo específicos da operação, que corresponderiam a uma redução de custos variáveis pós-fusão da ordem de 2%. Portanto, como esses ganhos não seriam suficientes para compensar os aumentos de preços encontrados nos exercícios de simulação da Kraft, a operação deveria ser vetada para evitar prejuízos aos consumidores. Nesse ponto, novamente um detalhe crucial foi descartado. Para sugerir uma medida tão drástica, teria sido conveniente indicar, pelo menos, o tamanho da perda de bem-estar dos consumidores. A Tabela 1 fornece os dados básicos para esse exercício, que são os índices de consumo *per capita* de chocolate no Brasil segundo os níveis de renda familiar. A principal informação não é novidade: quem consome chocolate em nosso país são os ricos. De fato, os índices só adquirem alguma relevância nas famílias com renda mensal acima de R$ 3.000,00. Mesmo assim, o consumo médio anual das pessoas nessa classe de renda é de apenas 400 gramas de chocolates em tablete e 1,3 kg de chocolate em pó! O peso desse consumo na renda familiar, segundo o IPCA de julho de 2005, foi de 0,19%.

Assim, cabe perguntar: se a análise apresentada no voto estivesse correta, e os preços subissem em 12%, de que excedente do consumidor estaríamos falando?

TABELA 1
BRASIL: CONSUMO ANUAL *PER CAPITA* DE CHOCOLATES
POR CLASSES DE RENDA FAMILIAR MENSAL

Classes de renda (R$)	Chocolate em tabletes (Kg)	Chocolate em pó (Kg)
Até 400	0,004	0,189
400 – 600	0,019	0,260
600 – 1000	0,055	0,452
1000 – 1600	0,081	0,703
1600 – 3000	0,177	0,931
Mais de 3000	0,377	1,316

FONTE: IBGE, Pesquisa de Orçamentos Familiares, 2002-2003.

Na verdade, esta não foi a única vez em que o Cade tratou de casos irrelevantes quanto ao impacto potencial sobre o bem-estar dos consumidores. Um exemplo radical foi o do AC nº 08012.012223/1999-60, referente à venda, em novembro de 1999, de alguns ativos da Kraft à Warner Lambert. A operação só foi julgada em julho de 2004, apesar de a Seae e SDE terem recomendado a aprovação sem restrições. Mas, três conselheiros do Cade entenderam que o mercado de guloseimas deveria ser subdividido em dois: goma de mascar (consumidores adultos) e chicletes de bola (mercado infantil). Como Warner Lambert iria adquirir uma posição dominante na oferta desses bens, a operação só poderia ser aprovada com a venda dos ativos naqueles mercados a uma terceira firma. Graças ao bom senso dos demais conselheiros — e o voto de Minerva do presidente João Grandino Rodas — a operação foi, afinal, aprovada sem restrições.

No caso Nestlé-Garoto, embora a maioria dos erros cometidos tenham decorrido de uma aplicação burocrática do guia, pelo menos dois deles não podem ser imputados àquele manual. O primeiro foi a atenção conferida aos argumentos da Kraft. Conforme vimos na Seção 2, os competidores cumprem um papel importante em casos de fusão porque costumam chamar a atenção para aspectos que as peticionárias gostariam de esconder. Mas a autoridade deve avaliar esses aspectos sob a ótica de outros interessados, como fornecedores e clientes, e não da perspectiva da impugnadora. Nesse caso, por exemplo, era indispensável, além de ouvir a opinião dos supermercados, ter quantificado a importância dos canais de distribuição na composição do preço final de chocolates. Assim, sobrou modelagem de um lado e faltou de outro. O segundo erro diz respeito justamente ao uso da econometria na análise antitruste. Este é um recurso poderoso quando usado com a devida cautela, e o modelo teórico focaliza os aspectos pertinentes do caso. Num trabalho acadêmico, se o autor simplificar a descrição do tema em estudo, levantar uma hipótese implausível, ou interpretar superficialmente os resultados de uma simulação, talvez alguns leitores fiquem frustrados. Em questões antitruste, tais procedimentos poderão induzir a decisões desastradas, conforme ilustra o presente caso.

Outro caso notável da experiência brasileira recente foi Kolynos-Colgate. Esta fusão resultou de uma transação ocorrida em Nova York em 1995, na qual a Colgate-Palmolive adquiriu os negócios mundiais de higiene bucal da American Home Produts, cuja subsidiária, Wyeth-Whitehall, era proprietária da Kolynos do Brasil, fabricante do creme dental mais vendido no país desde a primeira metade do século XX. Ao julgar a operação em setembro de 1996, o Cade aplicou pela primeira vez o conceito de *mercado relevante*, que é o instrumento básico da análise antitruste contemporânea (Salgado, 2003). Como notou César Mattos (2003), no período anterior à Lei 8.884, o Conselho trabalhava com o conceito difuso de "mercado", tal como entendido no mundo dos negócios. A análise desse caso foi pioneira também ao cometer três lapsos que depois se tornaram freqüentes no Brasil: a) delimitar mercados relevantes artificialmente pequenos; b) analisar de forma incompleta as barreiras à entrada; c) ignorar a dimensão dos impactos de bem-estar.

Segundo as requerentes, o mercado relevante do caso deveria ser o de produtos de higiene bucal vendidos no Brasil. Só operam nesse mercado multinacionais diversificadas, como Johnson & Johnson, Unilever, Procter & Gamble, e outras. O perfil dessas empresas em cada país depende basicamente de três fatores: o tamanho daquele mercado, a data de estabelecimento da subsidiária no país, e os segmentos do mercado já ocupados pelos competidores que chegaram ali antes. Freqüentemente, essas firmas possuem linhas de produtos bem-sucedidos em outras partes do mundo, mas aguardam vários anos antes de lançá-las num país onde se estabeleceram recentemente. As razões são circunstanciais, mas sempre ligadas àqueles três fatores. Algumas vezes, é necessário concentrar inicialmente os esforços da nova subsidiária nos produtos que a matriz considera mais promissores naquele país. Outras vezes o mercado é muito pequeno, já está atendido há longo tempo por outra marca, mas possui boas perspectivas de crescimento, sendo necessário, portanto, aguardar o momento mais oportuno para entrar. Assim, é possível que um determinado segmento atravesse décadas com apenas dois ou três fornecedores e, em seguida, surjam novas marcas que rapidamente se tornam preferidas dos consumidores.

O Cade não aceitou a definição abrangente apresentada pelas peticionárias e, seguindo a praxe internacional, identificou quatro mercados relevantes, sob a ótica do comportamento da demanda: creme dental, escova dental, fio dental e enxagüante bucal. Como os dois últimos mercados eram desconcentrados, a análise focalizou apenas os dois primeiros. No caso de creme dental, haviam apenas três produtores: Kolynos (com 51% do mercado), Colgate (27%), e Unilever (22%). No segmento de escovas, a concentração era menor. As peticionárias detinham, em conjunto, uma fatia de 35%, e o restante do mercado era distribuído entre Johnson & Johnson (26%), Condor (17%), Gillete (9,5%) e Unilever (2,5%).

Embora seja correto delimitar o mercado relevante a partir das elasticidades de demanda, no momento de fazer o teste do monopolista hipotético, é indispensável averiguar se, dadas as tecnologias e as condições de comercialização vigentes, seria possível existir tal monopolista. Por exemplo, se, ao começar o teste, o mercado relevante contiver apenas um produto, cabe perguntar se existem economias de escala e escopo que tornariam inviável a sobrevivência de um fabricante especializado exclusivamente na oferta daquela mercadoria. Se essa hipótese for verdadeira, é preciso seguir acrescentando bens e serviços àquele mercado até o ponto em que surja um monopolista hipotético com um perfil factível. Esse exercício aparentemente não foi feito pelo Cade neste caso. O simples fato de que não há um único produtor especializado em nenhum daqueles quatro mercados já é um indicador forte de que o teste do monopolista hipotético foi mal feito.

A análise sobre as barreiras à entrada e o exercício de poder de mercado nos segmentos de creme dental e escovas foi bastante detalhada, tendo percorrido toda a lista de fatores apontados pela teoria da organização industrial, como escalas mínimas de produção, concorrência potencial, gastos em publicidade, o papel das redes de distribuição, relações com os provedores de insumos, investimentos em P&D etc. Foram descartados, entretanto, dois aspectos circunstanciais que, naquele momento, ainda eram relevantes para explicar o perfil da economia brasileira: a memória inflacionária e as barreiras governamentais que vigoraram durante a era da substituição de importações. Como se sabe, da década de 1950 ao final dos anos 1980 o grau de concentração de vários ramos industriais era afetado por três tipos de restrições que foram crescentes ao longo daquele período: os controles de preços, as barreiras aduaneiras e as normas cambiais.

Ao final da análise, o Cade concluiu que o único mercado onde haveria risco de práticas abusivas era o de creme dental, em virtude da tradicional fidelidade do consumidor brasileiro à marca Kolynos. Assim, para reduzir o poder dominante da Colgate, a operação foi aprovada sob a condição de que aquela marca seria retirada do mercado por quatro anos. A restrição revelou-se, de fato, inócua. Nos anos seguintes, o mercado de produtos de higiene bucal e o seu segmento de creme dental passaram por rápidas transformações, tal como tantos outros ramos da indústria brasileira, à medida em que se consolidavam os efeitos da abertura comercial e desaparecia a memória inflacionária. Novos fabricantes entraram no mercado, como Procter & Gamble que, não por acaso, havia tentado impugnar a fusão, e atualmente oferece oito variantes do creme dental Crest. A Colgate, que manteve sua liderança, possui agora uma linha de produção com 38 apresentações distintas, lançadas em sua maioria nos últimos 10 anos, e depois de 2001, quando expirou a restrição imposta pelo Cade, não se interessou em relançar a marca Kolynos.

Quanto aos supostos benefícios auferidos pelos consumidores em virtude daquela decisão, cabe lembrar que, segundo o IPCA de julho de 2005, o peso da rubrica "creme e fio dental" na média mensal da despesa familiar brasileira é de 0,13% (menor ainda do que o de chocolates). Os demais "mercados relevantes" do caso Kolynos-Colgate sequer são registrados na pesquisa de orçamentos familiares do IBGE.

CONCLUSÃO

Um dos primeiros casos de conduta anticompetitiva registrados na história foi o cartel de cereais que operava na ilha de Ática, na Grécia antiga, e que foi julgado pelo Senado de Atenas em 386 a.C. (Kotsiris, 1988). Desde então, favores do governo e crime organizado revelaram-se, em inúmeras oportunidades, instrumentos mais eficazes para a acumulação de capital do que a inovação tecnológica (Baumol, 1990). Não por acaso, algumas das passagens mais célebres de Adam Smith e Karl Marx referem-se justamente a práticas colusivas e à influência dos empresários nas decisões governamentais.[12]

Em contraste com essa tradição empresarial de 2.400 anos, na maioria dos países, inclusive entre as economias industrializadas, a política antitruste só adquiriu relevância no passado recente. A lei italiana, por exemplo, foi votada em 1991. Outros países, como Austrália, Canadá e Nova Zelândia, que possuíam leis antigas, só começaram a aplicá-las com rigor a partir da década de 1980. Nos Estados Unidos, não obstante a longevidade do Sherman Act, a rebelião promovida pela Escola de Chicago nos anos 1970 e 1980 foi uma reação aos equívocos que eram cometidos freqüentemente pelas autoridades, inclusive a Suprema Corte, em casos do tipo Brown Shoe e IBM. Segundo alguns autores, a política antitruste norte-americana só atingiu a maturidade durante a administração Clinton (Kovacic, 2003).

É neste contexto que devem ser entendidas as críticas ao SBDC feitas neste artigo: como observações sobre uma política em fase de amadurecimento, onde as lições da experiência internacional devem ser tratadas com cautela, porque o resto do mundo também ainda está aprendendo a usar esse instrumento. Por exemplo, em votos do Cade, é possível encontrar, às vezes, citações sobre a jurisprudência norte-americana dos anos 1950 e 1960 que, supostamente, visam fortalecer os argumentos defendidos pelo conselheiro. Entretanto, os casos escolhidos costumam ser, na verdade, manifestações típicas do populismo antitruste.

Além do esquema analítico sugerido na Seção 4, que supõe a preparação de uma versão mais flexível do guia, outro procedimento que o Cade poderia

---

[12] O manual de Laffont e Tirole (1993) sobre teoria da regulação, quando discute o conceito de *captura*, recorda que o primeiro autor a usar este conceito foi Marx.

adotar em casos complexos é o de aplicar com maior freqüência a atribuição que lhe é conferida pelo art. 7, inciso X, da Lei 8.884. No Brasil, as barreiras à entrada e as distorções no processo de competição em indústrias concentradas são quase sempre reforçadas por privilégios criados pelo Estado através de mecanismos de toda ordem, como tarifas aduaneiras, renúncias fiscais e subsídios, disparidades do sistema tributário, falhas de regulação nos setores de infra-estrutura, e os expedientes usados em compras governamentais. Problemas desse tipo também são usuais em outras jurisdições, mas a coletânea brasileira é particularmente prolífica.

REFERÊNCIAS BIBLIOGRÁFICAS

ARMENTANO, D. *Antitrust and Monopoly: Anatomy of a Policy Failure*, The Independent Institute. Oakland: California, 1990.

BAUMOL, W. "Entrepreneurship: Productive, Unproductive, and Destructive", in *Journal of Political Economy*, vol. 98, n. 5, 1990.

BAUMOL, W. e ORDOVER, J. "Use of Antitrust to Subvert Competition", in *Journal of Law & Economics*, vol. XXVIII, maio, 1985.

BOEDER, T. e DORMAN, G. "The Boeing/McDonnel Douglas Merger: The Economics, Antitrust Law and Politics of the Aerospace Industry", in *Antitrust Bulletin*, vol. 45, n. 1, 2000.

EASTERBROOK, F. "Ignorance and Antitrust", in JORDE, T. e TEECE, D. (orgs.), *Antitrust, Innovation, and Competitiveness*, Oxford University Press, 1992.

EVANS, D. e SCHMALENSEE, R. "Some Economic Aspects of Antitrust Analysis in Dynamically Competitive Industries", in *NBER Working Paper*, n. 8268, 2001.

FEENSTRA, R. e KNITTEL, C. "Re-Assessing the U.S. Quality Adjustment to Computer Prices: The Role of Durability and Changing Software", in *NBER*, Working Paper n. 10857, 2004.

GOLDBERG, D. *Poder de compra e política antitruste*. Tese de Doutorado, Faculdade de Direito da Universidade de São Paulo, 2005.

HOLMSTROM, B. e ROBERTS, J. "The Bounderies of the Firm Revisited", in *Journal of Economic Perspectives*, vol. 12, n. 4, 1998.

KOTSIRIS, L. "An Antitrust Case in Ancient Greek Law", in *The International Lawyer*, vol. 22, n. 2, 1988.

KOVACIC, W. "The Modern Evolution of U.S. Competition Policy Enforcement Norms", in *Antitrust Law Journal*, vol. 71, n. 2, 2003.

LAFFONT, J. e TIROLE, J. *A Theory of Incentives in Procurement and Regulation*, The MIT Press, 1993.

LOPATKA, J. "United States v. IBM: A Monument to Arrogance", in *Antitrust Law Journal*, vol. 68, 2000.

MATTOS, C. "Introdução", in MATTOS, C. (org.), *A Revolução do Antitruste no Brasil: a teoria econômica aplicada a casos concretos*. São Paulo: Editora Singular, 2003.

MONOPOLIES COMMISSION. *A Report on the Supply of Flat Glass*. Londres: H.M.S.O., 1968.

NABSETH, L. e RAY, G. (orgs.) *The Diffusion of New Industrial Processes: An International Study*, Cambridge University Press, 1974.

ORDOVER, J. e BAUMOL, W. "Antitrust Policy and High-Technology Industries", in *Oxford Review of Economic Policy*, vol. 4, n. 4, 1988.

PRAIS, S. *The Evolution of Giant Firms in Britain*, Cambridge University Press, 1981.

SALGADO, L. "O caso Kolynos-Colgate e a introdução da economia antitruste na experiência brasileira", in MATTOS, C. (org.), *A Revolução do antitruste no Brasil: a teoria econômica aplicada a casos concretos*. São Paulo: Editora Singular, 2003.

SCHEFFMAN, D. "Making Sense of Mergers", in *Antitrust Bulletin*, vol. 38, n. 3, 1993.

SECRETARIA DE ACOMPANHAMENTO ECONÔMICO DO MINISTÉRIO DA FAZENDA E SECRETARIA DE DIREITO ECONÔMICO DO MINISTÉRIO DA JUSTIÇA. *Guia para análise econômica de atos de concentração horizontal*. Brasília, 2002.

SHAPIRO, C. "Theories of Oligopoly Behavior", in SCHMALENSEE, R. e WILLIG, R. (orgs.), *Handbook of Industrial Organization*, North-Holland, 1989.

STIGLER, G. "Mergers and Preventive Antitrust Policy", in *University of Pennsylvania Law Review*, vol. 104, n. 2, novembro, 1955.

SUTTON, C. *Economics and Corporate Strategy*, Cambridge University Press, 1980.

TAVARES DE ARAUJO, J. "Transaction Costs and Regional Trade", in *Revista Brasileira de Economia*, vol. 52, n. especial, fevereiro, 1998.

U.S. DEPARTMENT OF JUSTICE & FEDERAL TRADE COMMISSION. *Horizontal Merger Guidelines*, Washington, D.C, 1997.

WILLIG, R. "Merger Analysis, Industrial Organization Theory, and Merger Guidelines", in *Brookings Papers on Economic Activity, Microeconomics*, vol. 1991, p. 281-332, 1991.

A operação de uma política moderna de controle das fusões no Brasil

Elizabeth M. M. Q. Farina*
Rubens Nunes**

---

*Presidente do Conselho Administrativo de Defesa Econômica (Cade).
**Assessor da presidência do Cade.

INTRODUÇÃO

O QUE SERIA uma Política Moderna de Controle das Fusões? O *paper* apresentado pelo professor Tavares como base para a presente discussão sugere que seria uma política baseada em uma abordagem distinta da oferecida pelo paradigma "estrutura-conduta-desempenho" (ECD). Tal abordagem, cujas raízes remontam os primórdios da Teoria de Organização Industrial, seria a base do Guia para Análise Econômica de Atos de Concentração Horizontal no Brasil, adotado pela Secretaria de Acompanhamento Econômico (Seae) e pela Secretaria de Direito Econômico (SDE) em 2002. Dessa forma, o guia em seu formato atual deveria também ser modernizado. Com base nas críticas ao guia, o professor Tavares traz alguns estudos de caso para ilustrar problemas de análise que podem advir de sua adoção mecânica.

Os comentários a seguir foram organizados em três grandes grupos. O primeiro contextualiza o uso de guias de análise no mundo antitruste e procura mostrar o processo evolutivo de incorporação e disseminação dos avanços da teoria econômica, configurando as bases analíticas do que se poderia denominar de uma abordagem moderna do controle de fusões. O segundo coloca em discussão o marco normativo subjacente às análises. E o terceiro levanta alguns problemas da operacionalização dos critérios na análise, e implementação das decisões.

GUIAS E A INCORPORAÇÃO DA TEORIA ECONÔMICA

INSTRUMENTO FACILITADOR DO DIÁLOGO ENTRE AUTORIDADE DA CONCORRÊNCIA

O primeiro guia do gênero, adotado nos Estados Unidos em 1968, tinha como objetivo codificar procedimentos para orientar as cortes norte-americanas nas análises de fusões. Durante os anos 1960, fusões envolvendo empresas de pequeno porte estavam sendo bloqueadas pelas cortes norte-americanas, e o guia procurava definir níveis de concentração que demarcassem a probabilidade de exercício de poder de mercado.

Por quase 50 anos as cortes norte-americanas adotaram um teste estrutural para identificar fusões que "reduzissem substancialmente a concorrência", isto é, um teste baseado na concentração e participações de mercado. Até meados dos anos 1980, a análise das fusões nos EUA inspirou-se na hipótese da concentração-coalizão. As análises de Chamberlin e Stigler focalizavam os efeitos prováveis de uma fusão sobre a probabilidade de gerar conluio no mercado. Posner (1976) e Fisher (1987), baseados nesse enfoque, propuseram uma abordagem de duas etapas, estabelecendo limiares de perigo de conluio.

O problema é que a relação entre concentração e efeitos coordenados não é robusta e, a partir de 1990, a Federal Trade Commission (FTC) e o Department of Justice (DoJ) passaram a enfatizar efeitos unilaterais, lastreados na teoria dos jogos não-cooperativos.

O PROCESSO EVOLUTIVO DE INCORPORAÇÃO E DISSEMINAÇÃO DOS AVANÇOS DA TEORIA ECONÔMICA

O que tem sido denominado de uma abordagem "moderna" da análise dos atos de concentração foi a adoção de modelos de oligopólio que incorporam diversas formas de interdependência entre rivais, ao invés de uma análise estrutural fortemente dependente da análise da concentração.

Farrel e Shapiro (1990) podem ser considerados um marco dessa mudança, ao enfatizarem a importância de analisar as fusões dentro de uma perspectiva de equilíbrios de mercado. Os efeitos de uma fusão alteram o equilíbrio inicial, alterando os preços e quantidades das firmas fusionadas e também das outras firmas participantes desse mercado. Com base em um modelo de Cournot e produtos homogêneos, os autores mostraram que a mudança no índice de concentração Herfindahl Hirschman (HHI) varia na direção correta da mudança de bem-estar, se não houver ganho de eficiência entre as firmas fusionadas. Mostraram, ainda, que a quantidade produzida pela firma fusionada será menor e a quantidade da não-fusionada será maior, o que não é um resultado intuitivo.

No entanto, se houver e se forem exploradas sinergias que reduzam o custo pós-fusão, poderá haver ganhos de bem-estar agregado. Isso revela a limitação da projeção estática de participações de mercado e das decisões mecânicas baseadas no HHI.

O efeito sobre os preços e, portanto, sobre o excedente do consumidor, depende do que ocorre com o custo após a fusão. Para que a fusão gere benefícios substanciais de custo é preciso a presença de sinergias a serem exploradas. Ou seja, é necessário que os ativos possam ser reorganizados de forma que os custos pós-fusão sejam menores do que o custo de qualquer das duas firmas antes da fusão.

Os exemplos de resultados que conflitam com a visão estrutural de que maior concentração resulta em maior poder de mercado e perdas de excedente vão se multiplicando à medida que se passa para produtos diferenciados e outras formas de respostas estratégicas das firmas antes e após a fusão. Papel crucial é desempenhado pela eficiência decorrente das operações.

A chamada análise moderna das fusões inclui ainda a *análise da entrada* (desde Baumol, Panzar e Willig, 1982, e incorporada ao guia norte-americano de 1982) e a *análise da inovação* (Gilbert e Sunshine, 1995). Do ponto de vista metodológico, as análises passaram a recorrer a estimativas econométricas e simulações matemáticas, baseadas no desenvolvimento da Organização Industrial empírica e da microeconometria.

AS CRÍTICAS DO PROFESSOR TAVARES

O trabalho do professor Tavares toca em todos esses pontos da análise moderna das fusões. O artigo denominado "Est modus in rebus: O controle de fusões e aquisições no Brasil" traz uma análise crítica, com base na observação da investigação e das decisões tomadas em casos domésticos e internacionais, de efeitos deletérios da utilização do chamado paradigma "estrututra-conduta-desempenho" e, especificamente em relação ao Brasil, do Guia para Análise Econômica de Atos de Concentração Horizontal, abordando o que considerou erro cometido pelo Sistema Brasileiro de Defesa da Concorrência (SBDC) e propondo procedimentos que poderiam minimizar esses erros. Inicia com uma explanação sobre o chamado "populismo antitruste", apresenta como sugestão para se evitar o viés da análise a consideração de outros fatores explicativos do comportamento das requerentes em atos de concentração, e por fim, sugere uma abordagem para casos complexos baseada em quatro fatores: a) a presença de empresas multinacionais diversificadas; b) a importância dos investimentos em pesquisa & desenvolvimento; c) as peculiaridades da geografia econômica do país; e d) o poder de barganha dos clientes. Conclui, ao final, que a política antitruste só adquiriu relevância, mundialmente, no passado recente, e apresenta duas sugestões: a) a aplicação mais flexível do guia, de acordo com os quatro itens apresentados; e b) a aplicação mais freqüente do artigo 7°, inciso X da Lei 8.884/94 (X – requisitar dos órgãos do Poder Executivo Federal e solicitar das autoridades dos estados, municípios, distrito federal e territórios as medidas necessárias ao cumprimento dessa lei).

Apenas algumas das questões levantadas no referido artigo serão comentadas, face às restrições impostas pela própria dinâmica do seminário e participação de outros debatedores.

O PROBLEMA NORMATIVO: EXCEDENTE DO CONSUMIDOR E EXCEDENTE AGREGADO

Qual o efeito que uma fusão terá sobre os preços e o excedente do consumidor, e qual o efeito sobre custos e excedente dos produtores? Dito de outra forma: na análise de atos de concentração horizontais, a preocupação central da autoridade antitruste deve ser o impacto sobre o excedente agregado ou sobre o excedente do consumidor?

Na maioria das vezes um decréscimo de bem-estar agregado também afeta negativamente o consumidor, como é o caso do cartel. Uma fusão que permite a redução substancial de custos fixos para as empresas participantes da operação irá aumentar o bem-estar agregado, mas pode não afetar ou mesmo provocar aumentos de preços ao consumidor.

De maneira geral, os economistas preferem adotar a perspectiva do bem-estar agregado. A perspectiva do consumidor implica focalizar apenas a relação entre preços e custos marginais, desprezando ganhos de eficiência associados à redução de custos fixos e reduzindo o estímulo para os investimentos em produto, processo e inovação que só poderão ser recuperados pela apropriação de lucros.

A adoção da perspectiva do consumidor também é sustentada por argumentos relevantes. Privilegiar o excedente do consumidor implica focar sobre os preços no mercado afetado pela fusão, o que oferece um critério objetivo e observável de controle. Além disso, reduz o problema da assimetria de informação entre a autoridade e o administrado e contorna a dificuldade de estimar ganhos com o excedente do consumidor e com os lucros da empresa. O critério de excedente do consumidor é mais operacionalizável que o critério do excedente total.

Os EUA e a União Européia determinam que o consumidor seja beneficiado. Os EUA claramente reconhecem que preço inalterado é um critério mais fácil de se trabalhar.

Também a legislação brasileira estabelece no artigo 54 que os ganhos de eficiência decorrentes de atos de concentração devam ser compartilhados com o consumidor, elegendo, portanto, como critério normativo o excedente do consumidor.

O Canadá é dos poucos países que não tem uma restrição legal para adotar a perspectiva do bem-estar agregado como critério normativo. Em recente discussão sobre o tema, o Canadá justificou a adoção desse critério com base no entendimento de que o mercado canadense é pequeno e a exploração de economias de escala e escopo seria prejudicada por uma visão que favorecesse o consumidor.

O Brasil e outras economias em desenvolvimento, que passaram recentemente ou ainda passam por ampla reestruturação produtiva decorrente do próprio aumento da pressão competitiva dos mercados, enfrentam o mesmo problema. Ganhos importantes de eficiência associados a reduções de custos fixos deixam de ser considerados em análises que privilegiam impactos sobre os preços pagos pelos consumidores e que, no curto prazo, implicam considerar apenas as eficiências refletidas em reduções de custos variáveis.

Mais problemática ainda que o "consumerismo" embutido na lei brasileira de defesa da concorrência é a proposição de que a política de controle de fusões deveria se preocupar com um particular conjunto de consumidores. O professor Tavares, comentando o caso Nestlé-Garoto, afirma que "um grupo muito restrito de consumidores brasileiros ricos consomem chocolate". E, mais adiante, sobre o caso Warner Lambert: "Na verdade, esta não foi a única vez em que o Cade tratou de casos irrelevantes quanto ao impacto potencial sobre o bem-estar dos consumidores. Um exemplo radical foi [...] referente à venda [...], de alguns ativos da Kraft à Warner Lambert" que tratava de gomas de mascar e chicletes de bola. E, para concluir, o caso Colgate-Kolynos é comentado:

> "Quanto aos supostos benefícios auferidos pelos consumidores em virtude daquela decisão, cabe lembrar que, segundo o IPCA de julho de 2005, o peso da rubrica 'creme e fio dental' na média mensal da despesa familiar brasileira é de 0,13% (menor ainda do que o de chocolates). Os demais 'mercados relevantes' do caso Kolynos-Colgate sequer são registrados na pesquisa de orçamentos familiares do IBGE."

Além dos problemas operacionais, de como delimitar os grupos socioeconômicos afetados e o peso do produto na renda do consumidor a partir do qual poderia haver interferência do poder público, não há qualquer justificativa teórica para conceder isenção antitruste a bens considerados "de luxo" ou que tenham pequena participação na renda média familiar brasileira.

OPERACIONALIZAÇÃO DO CRITÉRIO NORMATIVO

Um critério normativo, teoricamente correto e adequado ao ambiente macroeconômico, institucional, do país pode não gerar decisões de qualidade se ele não for operacional, isto é, se os conceitos teóricos não puderem ser traduzidos em dados disponíveis e confiáveis.

O PAPEL DOS GUIAS

O trabalho de Tavares expressa ceticismo quanto à utilidade de guias como consolidação de entendimento sobre os elementos de análise nos atos de concentração. De fato, os guias não são exaustivos, nem substituem a compreensão de quem analisa os atos de concentração. Revisões periódicas dos guias são necessárias, à medida que avança a compreensão teórica e se acumula um acervo de casos apreciados pela autoridade da concorrência[1].

A título de exemplo, referindo-se ao caso Nestlé-Garoto, o professor Tavares critica o fato de que a rivalidade tenha sido avaliada com base na hipótese de que as condutas das requerentes estariam restritas à maximização dos lucros no curto prazo, independentemente dos "interesses globais de suas matrizes". Contudo, o guia não proíbe que tal informação, bem como suas conseqüências, sejam incorporadas à análise. Como em outros exemplos constantes do artigo-referência, o problema não é o guia, mas sua utilização.

Importante não perder o foco de que o principal papel do guia é dar transparência e, por conseqüência, segurança para a sociedade, como histórica e originalmente ocorreu em outras jurisdições. Um guia imperfeito, incluindo aquele que não abarca todas as situações, ou pelo menos, não os casos complexos, ainda é melhor (causa um efeito negativo menor) do que a sua não-existência.

PROBLEMAS NA ANÁLISE

Análises quantitativas

O professor Tavares menciona a inadequação de modelos de Cournot e Bertrand para avaliar os resultados de uma fusão, além da própria operacionalização das estimativas, o que o professor Tavares denominou do "fetiche da econometria" em sua apresentação do trabalho. O problema do uso das simulações na análise de atos de concentração é compartilhado por autorida-

---

[1] No momento da realização desse debate, o SBDC discute novos guias de análise, procurando incorporar os recentes avanços de outras jurisdições e da própria teoria econômica, o que mostra a preocupação com a melhoria das análises.

des do mundo acadêmico e da defesa da concorrência como nos mostra a seguinte citação:

> "as simulações podem, na melhor das hipóteses, ser usadas como indicadores grosseiros (*crude indicators*) e não como uma evidência sólida dos resultados esperados.... Além das críticas óbvias (por exemplo, tratamento demasiado simplista dos problemas existentes entre os segmentos varejista e industrial, e modelos simplistas de oligopólio) as simulações têm produzido projeções de aumento de preço pós-fusão absurdamente grandes." (Sheffmann e Coleman, 2003, p. 10.)

Esse reconhecimento não deve servir para descartar ou mesmo diminuir a importância de estudos empíricos que procuram quantificar os efeitos de fusões. Pelo contrário, os estudos quantitativos são úteis porque podem simular variações de preço pós-fusão, a partir de poucas informações iniciais, tais como as elasticidades preço-próprio e cruzada da demanda (o que não é tão pouco). Os estudos quantitativos, ao contrário do que possa parecer à primeira vista, explicitam pressupostos e, dessa forma, permitem avaliar a adequação dos resultados ao caso em foco.

Portanto, para que seja útil ao tomador de decisão (o conselheiro, no caso do Cade), a estimação apresentada deve ser baseada em pressupostos consistentes com o funcionamento do mercado descrito pelo conjunto de documentos trazidos aos autos por advogados, empresas, consultores e pareceristas. Se as estimações basearem-se em pressupostos incongruentes com as características do funcionamento do mercado em apreciação, elas se tornam inúteis como instrumento de formação de convicção do julgador.

Parte do ceticismo com que têm sido tratados os estudos quantitativos é proveniente da assimetria de informações entre os autores e as autoridades antitruste. Para reduzir tal assimetria e aumentar a confiança nos estudos, estes precisam ser acompanhados de todas as informações necessárias para que a estimação ou simulação seja reproduzida, o que incluiria: a disponibilização do banco de dados utilizado, a clara definição de como foi construída cada uma das variáveis utilizadas, a referência dos programas computacionais utilizados, o registro das opções metodológicas adotadas, entre outros elementos.

Ainda assim, as análises quantitativas, quando é possível realizá-las, costumam ser mais uma das bases de formação de convicção do julgador, e não a única.

Barreiras à entrada

A possibilidade de entrada é, em geral, desconsiderada pelos modelos de simulação de preços pós-fusão, assim como a capacidade de crescimento da franja competitiva, quando é o caso. Isto é, supõem-se barreiras intransponíveis à entrada e ao crescimento no período relevante da análise. No entanto, a importância e a natureza das barreiras à entrada em um mercado são primordiais para a análise de atos de concentração.

A avaliação das barreiras demanda conhecimento profundo e específico do setor, como salienta o professor Tavares. O ritmo de crescimento do mercado é importante na avaliação das barreiras. Quanto maior o ritmo, menor a barreira, exceto para mercados que apresentem elevados custos irrecuperáveis endógenos, tais como propaganda ou pesquisa & desenvolvimento (Sutton, 1992).

O debate sobre a conceituação e operacionalização dos critérios de estimação das barreiras à entrada está longe de terminar. Bem recentemente, esse foi o objeto de várias mesas-redondas e documentos no âmbito do comitê de concorrência da Organização para a Cooperação e Desenvolvimento Econômico (OCDE)[2].

Em muitos casos, uma análise *expost* dos casos submetidos ao SBDC mostra uma tendência a superestimar as barreiras à entrada, refletindo mais uma vez uma postura conservadora do julgador face à assimetria de informação em relação a requerentes ou mesmo a terceiros interessados. Como enfatiza o professor Tavares, é preciso receber com reservas as informações vindas de impugnantes, já que não estão livres do interesse na disputa comercial pós-fusão.

Um exemplo de superestimação das barreiras pode ser encontrado no caso CBD-Peralta. A operação foi submetida à avaliação em 1999. O parecer da

---

[2] Roundtable on Barriers to enter, October 2005.

Seae entendeu que as barreiras eram elevadas em quatro cidades, baseada em uma estimativa da escala mínima eficiente, e recomendou restrições à operação nas quatro cidades. O caso arrastou-se por seis anos até chegar ao Cade para julgamento. Nesse ínterim, várias entradas ocorreram em três das quatro cidades. Onde a entrada não ocorreu, a rivalidade foi suficientemente forte para reduzir a participação de mercado da empresa fusionada e a operação foi aprovada sem restrições.

Há situações, no entanto, em que a avaliação da força e natureza das barreiras foi correta, mas a implementação das restrições impostas para a aprovação da operação não surtiu o efeito esperado. O caso Colgate-Kolynos, comentado pelo professor Tavares, é o mais notório. O Cade entendeu, corretamente, que havia elevadas barreiras à entrada associadas à marca. A operação foi aprovada com o compromisso assumido pelas requerentes de que a marca Kolynos fosse retirada do mercado de dentifrício por quatro anos. A empresa substituiu a marca Kolynos por Sorriso (uma tradução do nome original) e, quatro anos depois, a empresa decidiu não recolocar a marca no mercado. A líder de mercado continua sendo Sorriso. Mas Kolynos, há cinco anos suspensa, continua sendo a *top of mind* entre os consumidores! Segundo a empresa responsável pela pesquisa, Kolynos é um bom exemplo da força de uma marca baseada em um conjunto complexo de ações que incorporam valores associados a frescor, juventude, inovação etc., que foram transferidos com sucesso para a marca Sorriso.

Não houve entrada nesse mercado, apenas o crescimento da franja de concorrentes, todos multinacionais, existentes à época, e que foi responsável por uma certa desconcentração do mercado de dentifrícios.

Eficiências

Uma das maiores críticas do professor Tavares à análise das fusões no Brasil refere-se a avaliação das eficiências que possam ser resultados dos atos de concentração. De fato, poucos são os casos da jurisprudência brasileira em que se procedeu a uma avaliação detalhada das eficiências.

Esse é um problema enfrentado por todas as jurisdições em decorrência das dificuldades de operacionalizar a avaliação das eficiências. Problemas técnicos na estimação podem introduzir insegurança na tomada de decisão, como mencionado. Além disso, a assimetria de informação entre as autoridades da concorrência e as requerentes dificulta ainda mais a avaliação dos reais impactos sobre os mais diversos custos, além do que as intenções reais dos requerentes não são observáveis e só reveladas *ex post*. Quando as eficiências vêm de inovações radicais, é difícil prever a trajetória tecnológica e qual será o padrão tecnológico dominante e seus efeitos sobre a concorrência.

Tal assimetria de informação tem levado a uma postura bastante conservadora da autoridade de concorrência, revelando sua preferência por bloquear um caso que tenha eficiências efetivas ao invés de aprovar um caso cujo único resultado será o aumento do poder de mercado das empresas fusionadas e as perdas de bem-estar associados à exploração desse poder. A postura conservadora é particularmente acentuada no tocante ao rol de eficiências que são aceitas para análise antitruste e essa parece ser uma área em que se precisa avançar tanto analítica, quanto empiricamente. O critério de se aceitar eficiências que só poderiam ser obtidas por meio da operação é legítimo como forma de evitar que os ganhos privados sejam confundidos com impactos sobre o bem-estar agregado ou do consumidor. No limite, entretanto, qualquer vantagem de custo obtida por meio de uma fusão poderia ser obtida por investimentos orgânicos — ganhos de escala/escopo, tecnologias de produção, organização e gestão. A menos de especificidades locacionais dos ativos (como, por exemplo, reservas minerais), a esmagadora maioria das fontes de eficiência advindas de uma operação poderia, de alguma forma e dentro de algum horizonte de tempo, ser obtida pelo investimento orgânico.

De qualquer forma, a postura cética com relação a eficiências tem se consolidado e pode ser ilustrada pelo recente artigo de Dennis Mueller (2004) que mostra, para uma ampla amostra de casos de fusões internacionais, que um número muito pequeno de operações efetivamente melhora a eficiência. Os resultados de seu estudo sugerem que para cada fusão que produz um aumento de bem-estar social existem duas que apenas aumentam o poder de monopólio. Segundo Mueller, esses resultados sugerem que a política de concorrência deve se apoiar em uma forte presunção contra fusões, e não a seu favor.

De qualquer forma, se o objetivo do controle de fusões for evitar que sejam aprovadas operações com elevada probabilidade de afetar negativamente o bem-estar agregado ou do consumidor, há que se voltar, mais uma vez, para o artigo seminal de Farrell e Shapiro (1990). Qualquer que seja a fonte de sinergias obtidas por meio de uma fusão, se elas forem suficientemente grandes para que os custos da firma resultante sejam menores do que os custos de qualquer uma dessas firmas pré-fusão, haveria ganho de bem-estar. Embora esse resultado tenha sido obtido com um modelo particular, serve para nos alertar que eficiências devem ser consideradas em casos de fusão, ainda que com base em uma atitude conservadora.

Uma palavra merece ser dita no que tange a indústrias de matérias-primas, mencionadas pelo professor Tavares. Não há qualquer perspectiva especial no guia. No entanto, se for adotada a perspectiva do consumidor, o efeito de uma fusão sobre o preço do produto final tende a ser sempre diluído e havendo tendência para aprovar qualquer fusão à montante das cadeias produtivas, com probabilidade decrescente de bloqueio, quanto mais longe do consumidor final estiver o setor. A menos que se interprete que o consumidor possa ser o cliente imediato, dificilmente haverá impacto significativo sobre o bem-estar dos consumidores finais, o que é reforçado se assumirmos que a política de concorrência não tem como finalidade determinar a distribuição de lucros entre participantes de uma cadeia produtiva. Haveria, no entanto, que se analisar os impactos que o exercício do poder de monopólio poderia ter sobre os investimentos na cadeia produtiva e seu impacto sobre a quantidade e preço dos diferentes produtos que utilizam a matéria-prima em análise.

É nesse contexto, embora não exclusivamente, que é fundamental a consideração do poder de compra à jusante da cadeia e da capacidade dessas firmas de transferir para frente os aumentos de custo determinados por seus fornecedores pós-fusão. Há muito que se avançar nesse terreno.

CONCLUSÃO

O *paper* apresentado pelo professor Tavares toca em elementos fundamentais das análises de fusões. Sua modernização, contudo, depende menos de abandonar o guia de análise de 2002 e mais de sua melhor adequação quando de análises de casos mais complexos.

Muitos avanços são necessários para que sejam utilizados plenamente os instrumentos mais modernos de análise, já adotados em outras jurisdições, em especial os estudos quantitativos. Para que estes sejam úteis para o tomador de decisões, temos de avançar em práticas simples, porém necessárias, de apresentação dos estudos, em particular, da possibilidade de sua replicação no âmbito da autoridade antitruste. É certo que teremos que contar com o treinamento de economistas para que essa análise seja desenvolvida, mas essa é uma exigência necessária para o aprimoramento institucional da atividade no Brasil.

Todos esses comentários, não esgotam o rol de questões levantadas pelo professor Tavares, mas procuram contribuir para o avanço do debate e da aplicação de uma "política moderna de controle de fusões no Brasil".

REFERÊNCIAS BIBLIOGRÁFICAS

BAUMOL, W.J., PANZAR, J.C., WILLIG, R.D. *Contestable Markets and the Theory of Industry Structure*. Nova York: Harcourt Brace Jovanovich, 1982.

FARREL J., SHAPIRO, C., "Horizontal mergers: An equilibrium analysis", in *American Economic Review*, 1990.

FISHER, F.M. "Horizontal Mergers: Triage and Treatment", in *The Journal of Economic Perspectives*, vol. 1, n. 2, 1987.

GILBERT, R., SUNSHINE, S. "Incorporating Dynamic Efficiency into Merger Analysis: The Use of Innovation Markets", in *Antitrust Law Journal*, 1995.

MCAFEE, R.P., MIALON, H., WILLIAMS, M.A. "What is a Barrier to Entry?", in *American Economic Review*, vol. 94, n. 2, 2004.

MUELLER, D. "Efficiency versus market power through mergers", em NEUMANN, M. e WEIGAND, J. (ed.). *The International Handbook of Competition*. Edward Elgar, 2004.

POSNER, R.A. *Antitrust Law: An Economic Perspective*. University of Chicago Press, 1976.

SCHEFFMAN, D.T., COLEMANN, M. *Quantitative Analyses of Potential Competitive Effects from a Merger*, 2003, (www.ftc.gov/be).

O controle de estruturas no Brasil: reflexões sobre o estudo de José Tavares

*Daniel K. Goldberg**

---

*Secretário da Secretaria de Direito Econômico (SDE) do Ministério da Justiça.

O PROFESSOR JOSÉ TAVARES DE ARAUJO JR. elaborou um instigante artigo, "Perspectivas da Política de Concorrência no Brasil — o controle de fusões e aquisições", em que pretende apontar alguns dos defeitos e limitações do controle de estruturas aplicado pelas nossas autoridades antitruste. Estou de pleno acordo com muitas de suas críticas e avaliações e, de forma geral, o autor faz alguns alertas preciosos.

Instado a tecer breves considerações acerca do excelente trabalho do professor Tavares e de sua provocativa exposição, gostaria de ser objetivo — como convém a qualquer diálogo preocupado com a implementação prática de uma política pública, sem perder a oportunidade de tecer algumas reflexões mais controversas — como convém ao que é também uma discussão acadêmica. Assim, limito-me a apenas alguns dos pontos suscitados por Tavares que, creio, merecem algumas qualificações e ressalvas. Trato cada um deles em seção específica. O exame perfunctório de muitas questões deve-se, é claro, às limitações de tempo e espaço intrínsecas ao formato do Fórum Nacional.

"CAPTURA" *VERSUS* "POPULISMO ANTITRUSTE"

O professor Tavares se refere ao populismo antitruste como modalidade do fenômeno da captura, que, *verbis*, "ocorre em qualquer política pública quando, ao invés de atender às finalidades daquela política, a autoridade privilegia interesses particulares". Conquanto ambos sejam graves problemas com que se devem defrontar todos aqueles que se preocupam com a integridade da política de concorrência, parecem-me de naturezas distintas.

O problema da captura surge tipicamente naquelas políticas públicas que têm beneficiários difusos e prejudicados concentrados, a exemplo da política de concorrência. Nesses casos, a voz dos que são prejudicados — representado por interlocutores bem definidos — tende a ganhar maior espaço do que a voz dos beneficiários.

Desde o trabalho de Stigler[1] — situando os atores públicos como maximizadores de utilidade (ou vantagens), atenção tem sido dada ao fato de que quanto mais especializada é a burocracia constituinte do órgão regulador, maior é o cuidado que se deve tomar para com o problema da captura.

Por outras palavras, a captura ocorre naquelas situações onde burocracias especializadas são mais sensíveis aos interesses bem definidos dos prejudicados com determinada medida do que com o de seus beneficiários difusos. Assim, órgãos reguladores verticais (a exemplo das agências setoriais de infra-estrutura) são provavelmente mais susceptíveis à captura do que burocracias especializadas horizontais, responsáveis pela supervisão de mais de um setor da economia. Essas, por sua vez, são mais passíveis de captura do que o Judiciário. O que não quer dizer que jurisdições que elegem o Judiciário como ator central na implementação de políticas como a de concorrência não tenham outros problemas, de maior ou menor gravidade. Um dos exemplos desses problemas é o que chamamos de "populismo antitruste".

O "populismo antitruste", no meu modo de ver, é fenômeno efetivamente diferente da captura. Aqui, *a autoridade de concorrência adota solução que aparentemente privilegia beneficiários difusos, quando na verdade destrói riqueza.* Assim como no sentido comum atribuído ao termo "populismo", a autoridade de concorrência adota medidas que encontram respaldo na opinião pública conquanto sejam, em essência, extremamente prejudiciais ao bem-estar das gerações presentes e futuras. Ao contrário do que sucede no caso da *captura*, não se trata de destruir riqueza e bem-estar para proteger "o mais forte", mas sim para proteger os que são supostamente mais frágeis.

---

[1] A clássica proposição em que a regulação existe para beneficiar o grupo político que a controla foi lançada in George Stigler, "The Theory of Economic Regulation, 2" in *Bell Journal of Economics and Management Science*, p. 3-21, 1971.

Um dos exemplos típicos do populismo no corpo do antitruste é a idéia de "proteção do pequeno comércio", subjacente à edição do Robinson-Patman Act, em 1936[2]. Típica também do populismo antitruste é a teoria que, na jurisprudência norte-americana, se convencionou denominar "doutrina da incipiência", segundo a qual, a partir do caso Brown Shoe, a Suprema Corte chancelou a idéia de que o melhor para o controle de estruturas de mercado seria obstacularizar a concentração econômica e o acúmulo de poder de mercado em seu começo.

Essa decisão foi tomada pela Suprema Corte logo após aprovação de emenda ao Clayton Act — diploma que disciplina o controle de fusões e aquisições pelas autoridades antitruste. A Federal Trade Commission havia publicado relatório que identificava supostos riscos de uma "onda de fusões" verificadas no pós-guerra, o que impressionou a opinião pública e as cortes e levou a decisões como Brown Shoe. Pouco tempo depois de Brown Shoe, no caso Vons Grocery Co. v. U.S.[3] a Suprema Corte levava a doutrina da incipiência ao seu paroxismo, bloqueando uma fusão de baixíssima concentração, em mercado varejista, sob o pretexto de que poderia prejudicar pequenos negócios e competidores de menor porte. É difícil imaginar que decisões como Brown Shoe ou Vons Grocery tenham sido fruto de algum poderoso *lobby* de atores econômicos que tenham capturado os tribunais...

Com decisões como essas, a jurisprudência antitruste nos EUA flertou — por décadas — com uma política de concorrência que, com toda a preocupação

---

[2] Ao contrário do antitruste europeu, que desenvolveu o conceito geral de dependência econômica para permitir a tutela de fornecedores que se defrontam com cadeias de distribuição de seus produtos, no direito americano a questão do poder adquirido pelos grandes grupos varejistas mereceu tratamento por lei específica, o Robinson-Patman Act.. A preocupação original do Robinson-Patman Act residia em proteger não só o pequeno fornecedor, como também o pequeno comerciante, contra o crescimento de grandes cadeias varejistas, capazes de exigir, pelo seu poder de barganha, termos de compra muito superiores aos de seus concorrentes. A Seção 2 (a) do Robinson-Patman Act proíbe qualquer discriminação de preços e programas promocionais que afetem a concorrência. Segue um conjunto de disposições que supostamente tutelam a lealdade nas relações contratuais. As Seções 2 (d) e 2 (e) proíbem a outorga de concessões e facilidades na revenda de um produto em condições diferentes das ofertadas aos demais fornecedores, e a Seção 2 (f) veda expressamente que um comprador induza tratamento discriminatório do fornecedor em relação a canais de distribuição alternativos. Ao longo dos anos, contudo, os tribunais americanos foram restringindo a aplicação e o escopo da lei, de modo a alinhar a aplicação do Robinson-Patman Act aos objetivos do antitruste concebido como instrumento de tutela da eficiência alocativa dos mercados.
[3] 384 U.S. 270 (1966).

com o "pequeno" e o "vulnerável", representava, na prática, sacrifícios de riqueza e bem-estar agregado. Ao longo do tempo, e com o amadurecimento do debate em torno da política da concorrência, os tribunais americanos foram abandonando decisões "populistas", abraçando padrões mais rigorosos de análise. O "populismo antitruste" tornou-se, em larga medida, apenas uma referência histórica. Por que o "populismo antitruste" foi episódio tipicamente americano, ao passo que a captura (de órgãos antitruste) não?

A questão fundamental, no meu entender, tem relação com o desenho institucional adotado para a aplicação do direito antitruste. Se determinada jurisdição opta por implementar sua política de defesa da concorrência por intermédio de uma burocracia especializada — como faz a Europa ou o Brasil — será mais susceptível à captura do que outra, que, como os Estados Unidos, tenham eleito os tribunais como o *locus* central da política antitruste, correndo outros riscos associados a essa escolha.

Meu argumento, em síntese, é que o desenho institucional é importante para explicar a tendência ao populismo antitruste: fenômeno mais recorrente nos EUA do que na Europa (que padece de outros e maiores problemas) ou no Brasil.

AFINAL, REPROVAMOS FUSÕES DEMAIS?

O ensaio do professor Tavares, ao elencar as diversas limitações do guia de análise de concentrações horizontais que baliza as análises da Seae e SDE, leva ao leitor à conclusão de que somos restritivos demais em nosso controle de fusões e aquisições. Afinal, se o teste do monopolista hipotético é aplicado de forma irrealista, rígida em excesso, então concentrações econômicas eficientes deveriam ser rotineiramente bloqueadas. O que, vemos, no entanto, é um índice de restrições bastante baixo. Vamos aos números.

TABELA 1
ATOS DE CONCENTRAÇÃO SUBMETIDOS AO SBDC

Ano	Atos analisados*	Aprovados sem restrições	Aprovado com restrições				Desaprovados
			Estruturais	% Revisado	Ancilares	% Revisado	
2000	507	490	1	0,20	14	2,76	2 (0,39%)
2001	571	559	0	0,0	12	2,10	0
2002	485	474	0	0,0	11	2,27	0
2003	491	484	1	0,20	6	1,22	0
2004	618	574	2	0,32	41	6,63	1 (0,16%)
Total	2672	2581	4	0,15	84	3,14	3 (0,11%)

*Líquidos dos atos apresentados e não conhecidos pelo Cade.

Como se pode inferir da Tabela 1, no período de 2000 a 2004 apenas 0,11% das fusões submetidas ao sistema foram reprovadas (e mesmo esse número pode estar inflacionado, a depender do critério utilizado) e apenas 0,15% das operações sofreram restrições significativas (restrições ancilares, tais como limitações de cláusulas de não-concorrência estão contabilizadas na coluna ao lado). Os percentuais espantosamente baixos podem enganar o leitor: afinal, podem decorrer de dois motivos, a) somos lenientes demais com as fusões concentradoras, ao contrário do que sugere o professor Tavares; b) nosso universo é grande demais e a baixa seletividade do filtro legal (art. 54, da Lei 8.884/94[4]) acaba inundando o Sistema Brasileiro de Defesa da Concorrência (SBDC) de casos irrelevantes — e por isso o percentual de fusões que sofrem restrições é relativamente baixo em relação ao universo total, ou, por fim; c) o efeito cumulativo de ambas as hipóteses.

Parece-me — a despeito da ausência de estudos empíricos mais aprofundados a respeito — que a alternativa c) é a que melhor explica nosso baixo percentual de restrições impostas a fusões e aquisições. É certo que o universo

---

[4] O filtro do art. 54 da Lei 8.884/94 estabelece uma presunção *juris tantum* de dominância em fusões que envolvam empresas de faturamento superior a R$ 400 milhões por ano ou 20% de concentração do mercado relevante.

de atos de concentração submetidos à análise tem sido, historicamente, inflacionado. Fusões e aquisições sem qualquer efeito ou nexo com a jurisdição brasileira têm sido rotineiramente protocolizados, sorvendo energias tanto dos agentes privados quanto dos órgãos públicos. Por outro lado, a quantidade de fusões e aquisições reprovadas parece também baixa em termos absolutos[5].

Ao contrário do que possamos deduzir a princípio, o baixo número de reprovações em atos de concentração — ainda que atribuído à leniência dos órgãos de defesa da concorrência — não joga necessariamente por terra as conclusões do professor Tavares. Pode ser, por exemplo, que a aplicação do guia de análise SDE/Seae seja restritiva e irrealista, como sugere Tavares, ainda que o resultado prático final permaneça inalterado. *Isto é, é possível que as decisões do Cade, em concreto, sejam inconsistentes com a análise feita ao longo da instrução do caso.* Nesse caso, o Cade funcionaria tal como o pai incoerente que está sempre prometendo castigar o filho, mas nunca tem coragem de efetivamente fazê-lo. É rigoroso demais na avaliação, mas leniente em excesso nas providências. Assim, o professor Tavares estaria certo na crítica à aplicação restritiva do guia de análise, mas equivocado na conclusão de que o controle efetivo — isto é, a decisão final — seja severa demais. Confirmar essa hipótese exigiria uma análise mais ampla e detalhada da jurisprudência do Cade ao longo do tempo.

Até que um estudo dessa natureza seja feito, parece-me correto continuar com a conclusão provisória (como todas são) de que, se de um lado somos muito pouco seletivos na seleção do universo de fusões e aquisições que avaliamos todos os anos, fomos, historicamente, lenientes em excesso para com as restrições efetivas que impomos[6].

---

[5] Na hipótese menos conservadora, três fusões bloqueadas. Na mais conservadora (casos anteriores sofreram alterações na fase da execução da decisão), apenas uma (atualmente *sub judice*), no caso Nestlé-Garoto.

[6] Ainda que de caráter provisório, essa conclusão merece algumas qualificações. A primeira delas é que a jurisprudência do Cade, talvez em função da curta duração dos mandatos dos conselheiros, parece estar em constante mutação. Assim, dizer que *ao longo do tempo* o Cade tem sido leniente para com atos de concentração não implica dizer que atualmente o seja. No caso Nestlé-Garoto, por exemplo, o Cade foi bastante severo ao estabelecer o *price standard*, ou excedente do consumidor, como o critério relevante para a análise de atos de concentração. Na prática, isso limita enormemente a "defesa da eficiência" em fusões potencialmente anticompetitivas. A prevalecer esse critério, apenas reduções de custos marginais (ou variáveis) podem ser aceitas.

O "FATOR GOLDBERG" DO PROFESSOR TAVARES E SUA REAL EXTENSÃO: QUAL O PAPEL DO PODER DE BARGANHA NA AVALIAÇÃO DOS EFEITOS DE ATOS DE CONCENTRAÇÃO?

No curso da apresentação de seu *paper*, o professor Tavares alude à desconsideração dos órgãos de defesa de concorrência para com o fenômeno do poder de barganha dos compradores (ou vendedores) imediatamente contrapostos à empresa resultante de uma fusão concentradora. Com sua sagacidade habitual (somada a uma certa ironia para com o autor desse artigo), Tavares apelida o poder de barganha e seu papel mitigador de eventuais efeitos anticompetitivos de "Fator Goldberg".

Parece-me importante, então, precisar o que, do meu ponto de vista, sabemos a respeito do problema (para os que acham, como eu e o professor Tavares, que efetivamente existe um problema).

O DEBATE ENTRE TRIÂNGULOS E RETÂNGULOS TORNOU-SE CIRCULAR!

Qualquer análise acerca do papel a ser desempenhado pelo poder de barganha de compradores (ou vendedores) no bojo da análise de atos de concentração praticada pelas autoridades de defesa da concorrência deve, como preliminar, esclarecer qual objetivo essas autoridades perseguem com a política antitruste como um todo ou, ao menos, com o controle de fusões e aquisições. Afinal, uma mudança no objetivo da política antitruste pode, em tese, acarretar uma modificação no papel do poder de barganha como fator a ser ponderado na análise.

Como sabemos, esse debate tem sido, em larga medida, monopolizado por duas grandes vertentes: os que acreditam que a preocupação primordial das autoridades deveria ater-se à eficiência alocativa (representada pelos triângulos de peso-morto dos economistas), em contraposição aos que entendem que impedir as transferências de renda (representadas pelos conhecidos retângulos) decorrentes do poder de mercado deveria ser o objetivo fundamental do antitruste[7].

---

[7]Em *Poder de compra e política antitruste*, Ed. Singular, São Paulo, 2006, sustentei que a maximização de bem-estar agregado deveria ser o objetivo central da política antitruste. Fiz, contudo, algumas ressalvas: transferências de renda consideradas arbitrárias e alheias à lógica do mercado devem ser coibidas — tendo como exemplo maior o cartel — nos termos do que determinam peremptoriamente a Constituição Federal e a Lei 8.884/94.

Para os que vêem na eficiência econômica o objetivo último da política de concorrência, a idéia central é a de que a vocação do antitruste é a maximização do bem-estar social. Objetivos distributivos são melhor alcançados por outras políticas, a exemplo da tributária ou de políticas específicas de transferência de renda.

Considerar a eficiência alocativa como pilar da política antitruste implica, em termos objetivos, delegar às autoridades de defesa da concorrência a missão de maximizar bem-estar agregado. E se o que queremos é apenas maximizar o bem-estar agregado, não haveria razão pela qual devêssemos atribuir ao excedente do consumidor (categoria muitas vezes arbitrária) peso maior do que ao excedente do produtor.

Os proponentes da idéia de que o antitruste deveria ocupar-se do bem-estar agregado vão ainda mais longe: em teoria, maximizar o bem-estar do consumidor seria um objetivo incompatível com o de promover eficiência econômica. Basta que imaginemos a escolha do objetivo de maximização do bem-estar do consumidor como vetor da política da concorrência. Uma fusão não poderia ser aprovada pelas autoridades de defesa da concorrência se gerasse, a um só tempo, eficiências e aumentos de preço moderados, mesmo que tais eficiências fossem muitos superiores aos aumentos verificados[8]. Isto é, ganhos de eficiência (não repassados aos preços na forma de custos marginais mais baixos) não poderiam compensar a perda de bem-estar dos consumidores puros, prejudicados com os aumentos de preço. Como ressaltamos, esta parece ter sido a orientação recentemente adotada pelo Cade no julgamento do caso Nestlé-Garoto, ao interpretar o dispositivo do artigo 54 da Lei 8.884/94.[9]

---

[8] O critério segundo as eficiências derivadas de uma fusão devem ser repartidas com os consumidores de modo a preservar os preços dos bens produzidos pela nova firma pelo menos nos mesmos níveis anteriores à realização da transação é conhecido como *price standard*. O critério pelo qual ganhos de bem-estar dos produtores podem compensar perdas de bem-estar dos consumidores é conhecido como critério de *Williamson,* em referência ao modelo proposto por O. E. Williamson em "Economies as an Antitrust Defense: The Welfare Trade-offs", in *American Economic Review,* vol. 58, 1968, p. 18-36.

[9] Como notei em *Poder de compra e política antitruste, op. cit.,* e o professor Tavares ressalta em seu artigo, aferir em que medida reduções de custos variáveis (vistas como indicativas de reduções nos custos marginais) realmente chegam até o consumidor puro é é algo bastante mais sofisticado do que se poderia pensar à primeira vista. Canais de transmissão varejistas, na prática, não têm a neutralidade que os modelos de simulação de preço pós-fusão de utilização mais comum assumem.

Destarte, se o que a política antitruste busca perseguir é o incremento do bem-estar agregado, isto é, da soma dos excedentes de consumidores e produtores, admite-se que os consumidores de determinado bem ou serviço sejam prejudicados, desde que em prol de um aumento da eficiência econômica. Se, por outro lado, o que se quer é apenas proteger o consumidor final, a sociedade inevitavelmente sairá perdendo.

A Tabela 2 ilustra, em hipotéticas fusões, as diferenças práticas que podem surgir de acordo com o objetivo de política pública definido pela autoridade antitruste:

TABELA 2
BEM-ESTAR AGREGADO *VERSUS* BEM-ESTAR DO CONSUMIDOR

	Bem-estar do produtor	Bem-estar do consumidor	Bem-estar total
1	+	+	+
2	+	−	+
3	+	−	−

Aqui imaginamos três fusões. Assumimos que todas elas pretendem incrementar os lucros distribuídos aos acionistas das empresas fusionadas, e, portanto, aumentam o bem-estar dos produtores[10]. Cada uma delas, contudo, têm diferentes conseqüências no que diz respeito ao bem-estar dos indivíduos e da sociedade. A primeira tem saldo líquido positivo para produtores, consumidores e, portanto, para a sociedade. Imagine uma fusão entre duas empresas de produtos complementares, com largas economias de escopo.

A segunda fusão aumenta o bem-estar dos produtores e, ao mesmo tempo, diminui o bem-estar dos consumidores. A questão é que o aumento de bem-estar dos produtores é superior à perda dos consumidores. Basta que pensemos em uma fusão tremendamente eficiente, que obtenha reduções significativas

---

[10] Há larga discussão no campo da organização industrial empírica acerca dos efeitos (esperados e atuais) das fusões. Evitamos aqui a controvérsia acerca da eficiência e lucratividade das fusões, imaginando que, evidentemente, empresas fundem-se esperando ganhar algo com isso. Evitamos, por conseqüência, discussões acerca de hipóteses explicativas de fusões aparentemente deletérias para os acionistas, a exemplo das que giram em torno dos conflitos principal-agente.

de custos, mas ainda sim aumente de forma módica os preços para o consumidor final.

Já na terceira fusão, a margem imposta pelos produtores[11] causa uma perda para os consumidores superior ao lucro colhido pela empresa resultante da operação. Parte do excedente do consumidor perde-se assim devido às ineficiências decorrentes do exercício do poder de mercado.

Se a política antitruste é construída com um mandato de proteger o bem-estar do consumidor, e não da sociedade como um todo, a fusão de número dois é reprovada. Ao contrário, se a função da política antitruste é simplesmente aumentar o nível geral de bem-estar, a fusão de número dois é aprovada. A conhecida "defesa de eficiência" do direito antitruste ampara-se na crença de que a política antitruste situa-se nessa segunda categoria[12].

Como demonstramos, portanto, os resultados podem ser profundamente diferentes, a depender do critério adotado. Por esse motivo, enormes esforços foram despendidos no que se tornou um debate geométrico, entre triângulos e retângulos.

As paixões em torno do debate entre os que defendem o bem-estar agregado e aqueles que sustentam a adequação do excedente do consumidor, contudo, escondem um grave problema prático: *na grande maioria dos casos, é muito difícil estimar efeitos de atos de concentração sobre os consumidores finais de bens e serviços.*

Assim, o diálogo entre os proponentes de diferentes objetivos normativos para o antitruste acabou tornando-se auto-referencial: após definirem um ou outro critério, os órgãos de defesa da concorrência continuam sem um ferramental prático para contabilizar os efeitos concretos de cada ato de concentração. Dessa forma, no nosso debate geométrico, a discussão de triângulos e

---

[11]Definida por $p - c/p$, sendo p igual ao preço e c representativo dos custos marginais. O preço deve ser devidamente ajustado para mudanças de qualidade. Isso porque em vez de aumentar os preços, o detentor de poder de mercado poderia diminuir a qualidade do produto, diminuindo os custos incorridos na sua produção. De outra parte, é importante diferenciar eventuais aumentos de preço decorrentes não do aumento do poder de mercado, mas sim de melhorias na qualidade do produto.

[12]No contexto de um sistema que adota o critério do excedente do consumidor (*price standard*), a defesa da eficiência acaba reduzida à tentativa de demonstrar que uma redução nos custos marginais é suficiente para evitar que os preços cobrados após a fusão sejam superiores aos verificados antes da operação, mantendo o excedente do consumidor intocado.

retângulos tornou-se, efetivamente, circular[13]. Parece-nos que uma boa maneira de sair dessa encruzilhada repousa em uma melhor compreensão do papel da barganha em diferentes mercados e contextos.

QUE ATOS DE CONCENTRAÇÃO TÊM CONSEQÜÊNCIAS ALOCATIVAS RELEVANTES?
O PODER DE BARGANHA TEM EFEITO COMPENSATÓRIO?

Quando John Kenneth Galbraith publicou, em 1952, seu famoso livro *American capitalism: the concept of countervailing power*, propondo pela primeira vez a tese de que o poder de mercado exercido por compradores poderia ser benéfico e agir de forma compensatória (*countervailing power*), a resposta de seus pares não foi muito distinta do puro desdém.

O reputado professor Stigler, por exemplo, dispensou a idéia de Galbraith como romântica[14]. Curiosamente, fora da academia, o livro de Galbraith ajudou a consolidar o senso comum — e igualmente equivocado, como veremos — de que o poder de compra, por implicar preços mais baixos ao consumidor, é em geral benigno. Assim, inúmeras fusões passaram a listar o aumento do poder de barganha, por si só, como "eficiência" ou fator benéfico do ponto de vista do bem-estar do consumidor.

Por outro lado, em fusões concentradoras do lado da oferta, o poder de barganha dos compradores passou a ser entendido como fator que mitigaria eventuais efeitos anticompetitivos. Como diz Paul T. Denis, hoje não há mais nenhuma fusão de bens intermediários em que os advogados não aleguem que a existência de poderosos compradores seria um mitigador da possibilidade de exercício de poder de mercado por parte das empresas requerentes. O argumento tornou-se tão comum nos tribunais que foi apelidado de "defesa do poder compensatório"[15] (*countervailing power defense*).

---

[13] Como já notamos, um dos poucos (e relevantes) efeitos práticos da definição de um ou outro objetivo diz respeito à contabilização de eficiências.
[14] Cf. George J. Stigler, "The economist plays with blocs", in *American Economic Review*, n. 44, p. 9: "I would expect bilateral oligopoly to be relatively monopolistic in operation... it simply is romantic to believe that a competitive solution will emerge, not merely in a few peculiar cases, but in the general run of industries where two small groups of firms deal with one another suddenly all the long-run advantages of monopolistic behavior have been lost sight of in a welter of irrational competitive moves".
[15] V. Paul T. Denis, "Market power in antitrust merger analysis: refining the collusion hypothesis", in *Antitrust Law Journal*, n. 60, p. 834-835.

Na verdade, o poder de barganha — tanto faz se exercido do lado da oferta ou da demanda — tem efeitos compensatórios em condições bastante restritas. Em *Poder de compra e política antitruste*, listei alguns dos mitos e verdades acerca da tese do poder compensatório:

1. A evidência empírica demonstra que a concentração econômica afeta as margens dos fornecedores negativamente. Isso, contudo, não significa que os consumidores finais ou a eficiência econômica (i.e., o bem-estar agregado) sejam necessariamente privilegiados, como muitos afirmam.
2. Admitir a criação de poder de compra[16] como mecanismo de contraposição ao poder de mercado *somente tem efeitos positivos, do ponto de vista do bem-estar agregado, quando o mercado passa de uma situação de monopólio (ou monopólio sucessivo) para uma de monopólio bilateral*[17]. Na situação de monopólio, o fornecedor restringe as quantidades vendidas para lucrativamente aumentar o preço de seu produto. Quando se cria poder de mercado do lado da compra, contudo, fornecedor e comprador passam a reconhecer sua interdependência mútua e negociam uma forma de maximizar em conjunto as quantidades vendidas, barganhando o resultado. Por isso, o nível de produção do bem ou serviço ofertado é superior ao que teríamos caso o poder de mercado estivesse restrito a apenas um dos lados, seja o da oferta, seja o da demanda. Já na situação de monopólio sucessivo (o fornecedor tem poder de mercado frente ao comprador e este, por sua vez, tem poder de mercado junto a seus consumidores), a criação de poder de mercado do lado da compra mitiga o problema de dupla marginalização pelos mesmos motivos.
3. É importante enfatizar, no entanto, que (sempre do ponto de vista do bem-estar agregado), em uma situação na qual as partes já reconhecem sua interdependência mútua[18], um aumento no poder de compra dos

---

[16]Como dissemos, o mesmo vale para a situação inversa: admitir um cartel de venda só pode gerar efeitos positivos quando a situação inicial era a de um monopsônio (ou oligopsônio) explorando fornecedores em concorrência.

[17]A referência a monopólio e monopólio bilateral aplica-se também, como já dissemos, a situações intermediárias (oligopólio e oligopsônio), ainda que com resultados quantitativamente distintos.

[18]Porque ambas já possuem algum poder de mercado.

adquirentes *não traz qualquer benefício para a sociedade*. O resultado de um aumento do poder de compra de adquirentes que já estão em processo de barganha com os ofertantes afeta apenas a distribuição de renda (ou quase-renda) entre os agentes econômicos, sem reflexos claros sobre a eficiência econômica dos mercados afetados.
4. Ademais, nas raras situações em que a criação de poder de mercado compensatório efetivamente altera a configuração do mercado (de monopólio/monopsônio para monopólio bilateral), outros fatores devem ser considerados. Muitas vezes, a natureza dos contratos e do regime jurídico que formatam a relação entre ofertantes e compradores merece atenção especial.

Assim, de forma, geral, o poder de barganha de um comprador (ou vendedor) só traz ganhos de bem-estar inequívocos em situações mais restritas do que se poderia imaginar à primeira vista. Há, no entanto, uma questão sutil, e que deve ser enfrentada pelos órgãos de defesa de concorrência: *se é verdade que o poder de barganha nem sempre tem efeito compensatório (i.e. nem sempre pode ser contabilizado como eficiência ou fator mitigador de efeitos anticompetitivos), também é verdade que, muitas vezes, órgãos de defesa da concorrência precisam separar aqueles atos de concentração que de fato possuem conseqüências alocativas dos que não têm qualquer impacto sobre o bem-estar agregado.*

Com efeito, o papel do poder de barganha não é exatamente mitigar efeitos anticompetitivos em fusões concentradoras, mas sim o de demonstrar que, muitas vezes, as autoridades de defesa da concorrência não estão aumentando bem-estar agregado nem o excedente do consumidor, mas apenas influenciando quanto dos lucros de determinada cadeia produtiva ficam com cada elo.

Isso ocorre porque, na presença de elevado poder de barganha tanto do lado da oferta quanto do lado da demanda, as firmas reconhecem sua interdependência mútua e atuam para maximizar seus lucros *conjuntos*, barganhando o resultado[19]. Nesse contexto, uma fusão concentradora em qualquer dos la-

---

[19] V. Paul Dobson, Michael Waterson e Alex Chu, "The welfare consequences of the exercise of buyer power", in *Office of Fair Trading Research Paper*, n. 16, 1998, p. 18.

dos desse mercado não deve gerar quaisquer conseqüências alocativas. Faz sentido que, em situações dessa natureza, o Cade apresente restrições ou mesmo desaprove a operação? O leitor provavelmente há de pensar que estamos retornando o debate normativo do antitruste, entre triângulos e retângulos. Na verdade, contudo, não se trata disso. Quando o Cade impõe restrições a uma fusão que ocorre em um contexto de monopólio ou oligopólio bilateral, é pouco provável que quaisquer consumidores finais sejam afetados. No mais das vezes, monopólios ou oligopólios bilaterais se verificam em mercados de bens intermediários, em segmentos da cadeia produtiva distantes do consumidor puro.

Reitero aqui a distinção sutil entre os dois argumentos examinados nessa seção: não se trata de sempre atribuir ao poder de barganha de compradores e vendedores caráter compensatório, mas sim de perceber que, naqueles mercados em que compradores e vendedores reconhecem sua interdependência mútua, há pouco que o SBDC possa fazer para afetar o bem-estar agregado ou mesmo aumentar o excedente do consumidor.

Nesse sentido, a mensagem fundamental que nos traz o professor Tavares deve ser reinterpretada, a meu ver, da seguinte forma: o modo de interação entre agentes econômicos do lado da oferta e da demanda deve ser incorporado à análise antitruste de forma mais realista, sob pena de que, no futuro, operações sem quaisquer efeitos sobre bem-estar sofram, indevidamente, restrições por parte das autoridades antitruste.

Dois aspectos da política de concorrência no Brasil

*Hélcio Tokeshi**

---

*Secretário da Secretaria de Acompanhamento Econômico (Seae) do Ministério da Fazenda.

INTRODUÇÃO

NÃO POR ACASO, a consolidação das atuais instituições de defesa da concorrência do Brasil ocorreu a partir de 1994, durante o processo de estabilização e abertura da economia. Ao abandonar um passado de forte intervenção na economia, o Estado deixa de controlar diretamente os preços e passa a necessitar do principal mecanismo de regulação da imensa maioria dos mercados: a concorrência.

Mercados competitivos são mecanismos muito eficientes para a coordenação das ações dos agentes econômicos. Preços definidos através da livre concorrência pela preferência dos consumidores incentivam os produtores a buscarem sempre a redução de custos, o aumento da produtividade, a melhora da qualidade e o lançamento de novos produtos. Ganham os consumidores com produtos mais baratos, de melhor qualidade e uma maior oferta de novos produtos; ganha o país, que se torna mais competitivo.

Ainda há muito a ser feito para o desenvolvimento de uma política de concorrência robusta no Brasil e é extremamente positiva a análise feita pelo professor José Tavares de alguns dos riscos e deficiências no controle de fusões e aquisições. Nesta breve nota discutirei dois aspectos da política de concorrência levantados pelo *paper* base do *workshop* (Tavares de Araujo, 2005).

Em primeiro lugar, farei uma descrição do processo de classificação e análise dos atos de concentração submetidos ao Sistema Brasileiro de Defesa da Concorrência (SBDC) adotado nos últimos anos, procurando mostrar como o Guia para Análise Econômica de Atos de Concentração Horizontal (Secretaria de Acompanhamento Econômico, Seae/Secretaria de Direito Econômico-

SDE, 2002) cumpre basicamente uma função de "filtro" para a identificação de casos complexos. Nesta função, a natureza restritiva e conservadora do guia apontada pelo *paper* cumpre adequadamente o papel de indicar a necessidade da análise mais detalhada e criteriosa adotada para os casos complexos em que se procura, justamente, evitar uma análise simplista e as principais limitações do guia bem levantadas pelo professor Tavares.

Em segundo lugar, sugerir que, em complementação à recomendação feita ao Cade pelo professor Tavares de aplicação com maior freqüência do art. 7º, inciso X da Lei 8.884, há também muito espaço para a promoção da concorrência pela Seae de maneira mais direta através do seu relacionamento com outras áreas de governo.

O PROCESSO DE ANÁLISE DE ATOS DE CONCENTRAÇÃO E A FUNÇÃO DE "FILTRO" DO GUIA

Um dos defeitos da Lei 8.884 freqüentemente apontado é o estabelecimento de critérios de submissão de operações de fusão e aquisição excessivamente amplos. Isto tem como conseqüência uma sobrecarga do SBDC com a necessidade de análise e julgamento de um número excessivo de casos que apresentam pouco risco para a concorrência.

Como resposta a esta situação, ao longo dos últimos anos foram sendo criados procedimentos e alternativas administrativas para, respeitando a Lei 8.884, otimizar a alocação dos recursos escassos do SBDC na análise de atos de concentração, procurando privilegiar a análise dos casos efetivamente complexos e as atividades de investigação de condutas anticompetitivas e de promoção da concorrência. A Figura 1 a seguir apresenta de maneira resumida o processo de classificação e os procedimentos de análise adotados para os atos de concentração submetidos ao SBDC, assim como o número de casos em 2004 e 2005 tratados seguindo cada um dos três procedimentos de análise adotados.

FIGURA 1

PROCESSO DE CLASSIFICAÇÃO E ANÁLISE DE ATOS DE CONCENTRAÇÃO

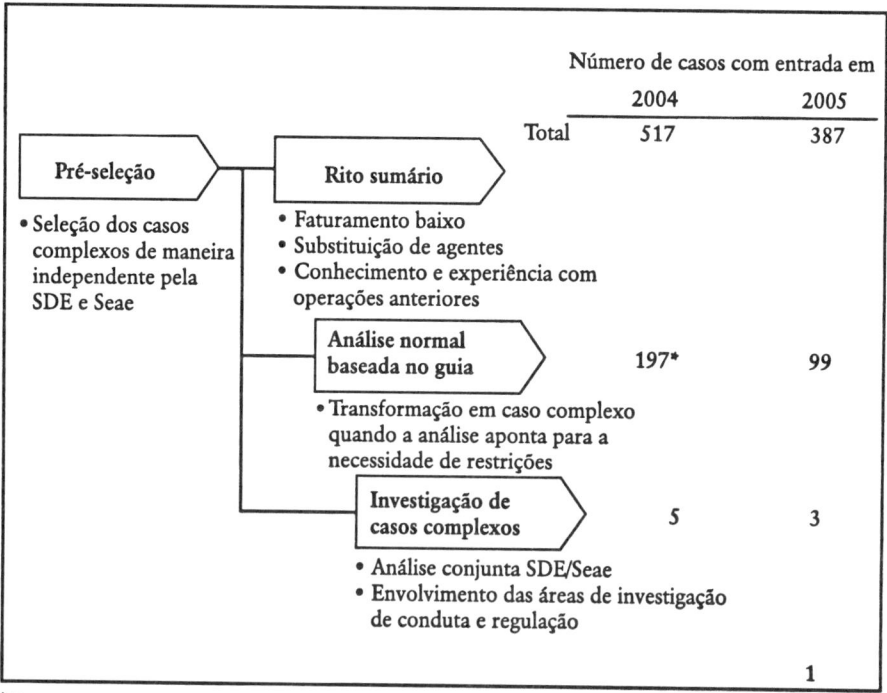

		Número de casos com entrada em	
		2004	2005
Total		517	387
Pré-seleção — Seleção dos casos complexos de maneira independente pela SDE e Seae	**Rito sumário** — Faturamento baixo; Substituição de agentes; Conhecimento e experiência com operações anteriores		
	Análise normal baseada no guia — Transformação em caso complexo quando a análise aponta para a necessidade de restrições	197*	99
	Investigação de casos complexos — Análise conjunta SDE/Seae; Envolvimento das áreas de investigação de conduta e regulação	5	3
			1

*Proporção entre ritos sumários e análises normais para a COGPA estimada a partir dos números efetivos para as antigas COGPI, COGCM e COGSI

FONTE: Litteral/Seae.

Na rotina de análise de atos de concentração, os casos novos são submetidos a uma pré-seleção e classificados em três tipos que diferem no grau de rigor e sofisticação da análise: rito sumário, casos de análise normal e casos complexos. Esse processo de pré-seleção acontece de maneira independente em cada uma das secretarias e, em caso de divergência quanto ao grau de complexidade do caso, tende-se a optar por submeter o caso a uma análise mais detida.

Como os números apresentados na Figura 1 indicam, a maioria dos casos submetidos ao SBDC é tratada segundo os procedimentos do rito sumário. A principal razão para a classificação de um ato de concentração nesse tipo de análise ou é um faturamento baixo das empresas envolvidas, ou se trata de uma operação em que ocorre apenas uma substituição de agentes controladores sem impacto no grau de concentração do mercado relevante. Em alguns poucos casos, em função da experiência acumulada com operações semelhantes já analisadas pelo SBDC, pode também ser feita uma opção pelo rito sumário mas, como já ressaltado anteriormente, na dúvida, adota-se uma posição de cautela e é feita uma análise mais cuidadosa. No mesmo sentido, ainda que o procedimento de rito sumário procure justamente evitar a expedição de ofícios requerendo formalmente informações e esclarecimentos, adota-se a praxe de entrar em contato por telefone ou outros meios informais com fornecedores, clientes e competidores das empresas diretamente envolvidas, para verificação das informações prestadas e confirmação de que a operação não apresenta risco para a concorrência. Se durante a análise como rito sumário surge algum elemento de dúvida, o caso passa a ser tratado como uma análise normal sofrendo uma investigação mais detalhada.

Os casos complexos tendem a ser identificados já na etapa de pré-seleção, quando fica evidente o risco de altas concentrações nos mercados relevantes ou quando se trata de um setor com características que apontam para a necessidade de uma análise mais sofisticada. Além de setores com estrutura oligopolizada, tipicamente trata-se de setores em que ocorrem uma ou mais das dificuldades para a análise apontadas pelo professor Tavares, por exemplo, a presença de forte progresso técnico, barreiras geográficas, poder de compra dos clientes, conglomerados multiprodutos. Um caso pode também ser classificado como complexo se houver um histórico de denúncias de condutas anticompetitivas no setor ou se o setor em questão for regulado. Assim como nos outros casos, esta classificação é feita de maneira independente pela SDE e pela Seae e, em havendo divergência ou dúvida, opta-se pela classificação como caso complexo e o estabelecimento de um procedimento de análise conjunta pelas duas secretarias.

Caso a pré-seleção não tenha indicado a classificação em um dos extremos de rito sumário ou caso complexo, passa-se a fazer a análise como um caso normal com base no guia. Como fica claro no *paper* do professor Tavares, as deficiências teóricas do guia e da sua aplicação simplista são todas no sentido de reprovar operações que deveriam ser aprovadas. Nesse sentido, nas operações classificadas para análise normal, a aplicação do guia serve como mecanismo para apontar operações que deveriam ter sido inicialmente classificadas como casos complexos, mas não o foram. Se um caso em análise normal parece indicar a necessidade de alguma restrição, passa-se a tratá-lo como caso complexo e a investigação passa a explorar justamente as características e condições de mercado levantadas pelo *paper*. Nessa função de "filtro" a natureza restritiva do guia torna-se uma vantagem ao servir basicamente como mecanismo que corrige possíveis erros no processo de pré-seleção.

Os dados apresentados na Figura 1, com relação ao fluxo de casos que deram entrada no SBDC em 2004 e 2005, corroboram a interpretação de que a utilização do guia nessa função de "filtro" não implica uma posição simplista e excessivamente restritiva com relação às fusões e aquisições. Mesmo com o viés restritivo do guia, um número muito limitado de casos chega a ser tratado como complexo, e para esse fluxo dos últimos dois anos, nos casos complexos em que a investigação já foi encerrada, em apenas dois casos houve a recomendação de algum tipo de restrição — mesmo assim, as restrições recomendadas foram relacionadas a cláusulas de exclusividade em contratos, não havendo nenhum caso de restrição estrutural ou recomendação de reversão da operação. O comportamento histórico do SBDC também indica que, apesar das limitações e do viés do guia, a tendência tem sido intervenção parcimoniosa nas operações de fusão e aquisição com uma média de menos de 3% dos casos sujeitos a alguma recomendação de restrição.[1]

MECANISMOS DE PROMOÇÃO DA CONCORRÊNCIA

Existe ainda um enorme potencial de ganho de bem-estar para a sociedade através do aumento da concorrência nos mais diversos setores, regulados ou não, através da racionalização das normas e regras que o próprio Estado fixa. Como bem nota o professor Tavares (2005, p. 20), "[n]o Brasil, as barreiras à entrada e as distorções no processo de competição em indústrias concentradas são quase sempre reforçadas por privilégios criados pelo Estado através de mecanismos de toda ordem, como tarifas aduaneiras, renúncias fiscais e sub-

---

[1] Veja-se a análise feita pela (Organização Para a Cooperação Econômica e Desenvolvimento-OCDE/Banco Interamericano de Desenvolvimento-BID, 2005, Seção 2.2). Os dados sobre o número de casos em que se aplicaram restrições estão na Tabela 2, página 32.

sídios, disparidades do sistema tributário, falhas de regulação nos setores de infra-estrutura, e os expedientes usados em compras governamentais." Ao que pode-se ainda acrescentar direitos anti-*dumping*, normas técnicas, e requisitos ambientais, de segurança e saúde, que podem garantir objetivos absolutamente necessários e fundamentais de política pública, mas podem também ser desvirtuados e utilizados como barreiras para a entrada de novos concorrentes e para a livre concorrência.

Concordo totalmente com a sugestão de que o Cade passe a aplicar com maior freqüência o art. 7º, inciso X da Lei 8.884 quando se deparar com esse tipo de distorção durante o julgamento de algum caso. Através desse mecanismo o Cade pode exercer pressão para que outras áreas do governo corrijam essas distorções aumentando a concorrência e melhorando o funcionamento do mercado em questão.

Entretanto, esse mecanismo tem algumas limitações. Tem natureza reativa, na medida em que depende da ocorrência de um caso no qual uma distorção anticompetitiva venha a ser apontada no processo de análise do caso de conduta ou do ato de concentração. O Cade não pode exigir de outras áreas de governo a correção da distorção apontada, e nem sempre se trata de uma barreira ou distorção para a qual a solução seja uma simples revogação ou eliminação de norma. Muitas vezes a ação corretiva depende de uma alteração mais complexa de uma regra ou norma, ou mesmo de um conjunto delas direta e indiretamente relacionadas ao caso julgado pelo Cade. Isto não tira o mérito de o Cade apontar com freqüência para os danos à concorrência representados por mecanismos estabelecidos pelo próprio Estado, mas não me parece razoável esperar que o Cade deva também passar a trabalhar no desenvolvimento de propostas de modificações ou substituições destes mecanismos nos casos de maior complexidade.

Uma outra frente de promoção da concorrência vem sendo desenvolvida pela Seae, principalmente no atual governo. A maioria das grandes decisões de política pública e propostas de mudanças substanciais em regras e normas regulatórias acaba sendo discutida com o Ministério da Fazenda porque há quase sempre alguma implicação fiscal, ou sobre norma tributária ou simplesmente porque irá requerer mais recursos orçamentários para a sua implementação. Valendo-se da sua condição de secretaria ligada ao Ministério da Fazenda, a Seae tem sido muito mais ativa e atuante nessas discussões, procurando garantir que, sempre que possível, sejam feitas escolhas que aumentem o grau de concorrência nos setores envolvidos e que seja utilizada a concorrência como mecanismo para atingir outros objetivos de política pública. Em função disto, na divisão de tarefas entre as secretarias do Ministério da Fazenda, a Seae passou a ser a principal responsável nas discussões com outras áreas de governo em questões regulatórias.

Para melhor cumprir essa função, a Seae foi reorganizada (Figura 2) e suas coordenações foram definidas em função das áreas e dos grupos de interlocutores em outras partes do Estado com as quais a secretaria precisa dialogar para influenciar o processo de desenvolvimento e modificação de políticas e normas públicas. Isto tem permitido à Seae executar um trabalho de promoção da concorrência mais amplo e proativo que não está associado a casos específicos em análise pelo SBDC. O fato de a Seae ser um órgão do Ministério da Fazenda permite que os seus técnicos participem diretamente de discussões internas de governo nas quais seria inapropriado o Cade participar, já que ele precisa preservar sua condição de autarquia autônoma. Esse novo direcio-

FIGURA 2
ORGANOGRAMA DA SEAE — INTERFACES

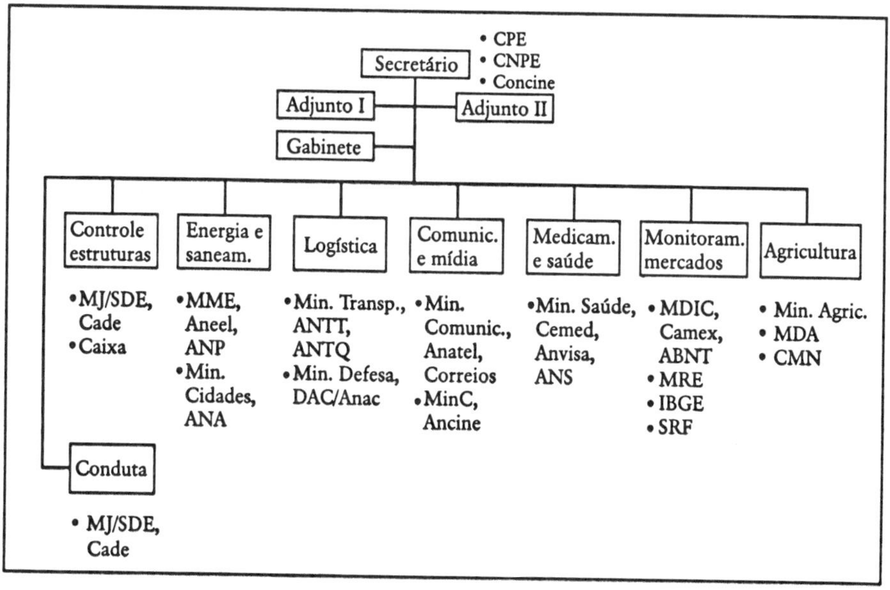

Controle estruturas	Energia e saneam.	Logística	Comunic. e mídia	Medicam. e saúde	Monitoram. mercados	Agricultura
• MJ/SDE, Cade • Caixa	• MME, Aneel, ANP • Min. Cidades, ANA	• Min. Transp., ANTT, ANTQ • Min. Defesa, DAC/Anac	• Min. Comunic., Anatel, Correios • MinC, Ancine	• Min. Saúde, Cemed, Anvisa, ANS	• MDIC, Camex, ABNT • MRE • IBGE • SRF	• Min. Agric. • MDA • CMN

Secretário: • CPE • CNPE • Concine
Adjunto I, Adjunto II, Gabinete

Conduta
• MJ/SDE, Cade

namento para o trabalho tem também permitido maior especialização do corpo técnico da Seae e o desenvolvimento de uma vantagem comparativa em questões microeconômicas relacionadas à teoria da organização industrial e da regulação.

Essa mudança bem-sucedida de foco da Seae está refletida no modelo organizacional proposto pelo projeto de reforma do SBDC (PL 5877) enviado pelo governo ao Congresso 2005. O modelo proposto faz uma clara distinção entre a função principal do Novo Cade, que, como autarquia autônoma, será o guardião e aplicador da Lei de Defesa da Concorrência, e a função principal da Seae, que se voltará para a promoção da concorrência (Figura 3) deixando de fazer de maneira rotineira a análise de atos de concentração e a investigação de condutas.

Para fazer a promoção da concorrência de maneira efetiva, a Seae permanece como parte do SBDC, mas continuará sendo uma secretaria diretamente ligada ao Ministério da Fazenda, mantendo, desta forma, a necessária inserção no processo de debate interno de governo para o desenvolvimento das políticas públicas que possam ter impacto sobre as condições de concorrência nos mercados.

FIGURA 3
DIVISÃO DO TRABALHO ENTRE O NOVO CADE E A SEAE

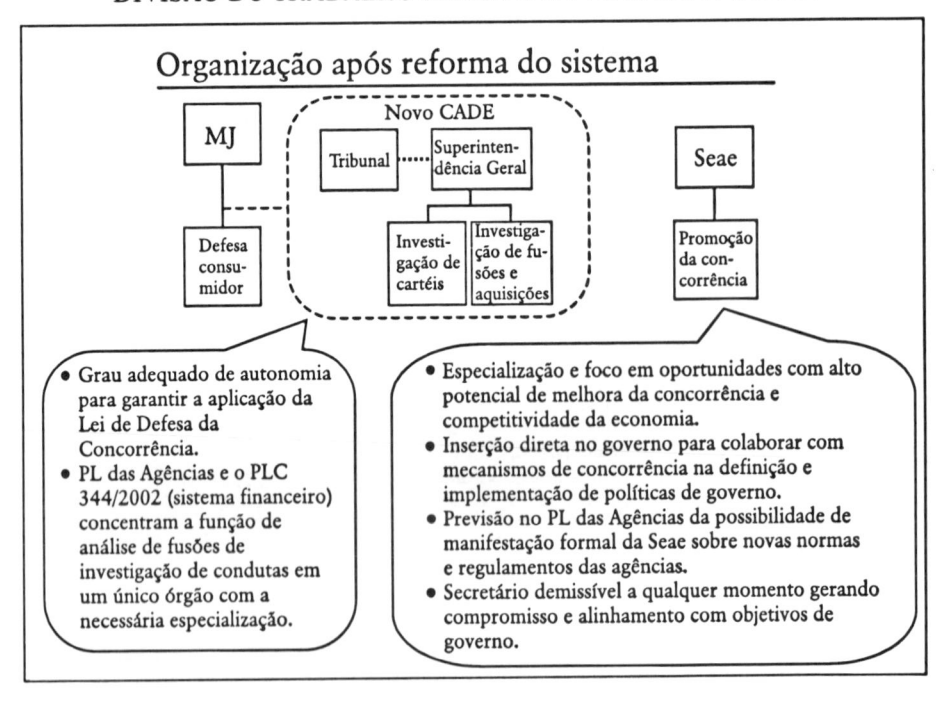

Organização após reforma do sistema

- MJ
  - Defesa consumidor
- Novo CADE
  - Tribunal
  - Superintendência Geral
  - Investigação de cartéis
  - Investigação de fusões e aquisições
- Seae
  - Promoção da concorrência

- Grau adequado de autonomia para garantir a aplicação da Lei de Defesa da Concorrência.
- PL das Agências e o PLC 344/2002 (sistema financeiro) concentram a função de análise de fusões de investigação de condutas em um único órgão com a necessária especialização.

- Especialização e foco em oportunidades com alto potencial de melhora da concorrência e competitividade da economia.
- Inserção direta no governo para colaborar com mecanismos de concorrência na definição e implementação de políticas de governo.
- Previsão no PL das Agências da possibilidade de manifestação formal da Seae sobre novas normas e regulamentos das agências.
- Secretário demissível a qualquer momento gerando compromisso e alinhamento com objetivos de governo.

De maneira complementar, o PL das agências reguladoras em discussão no Congresso também prevê a necessidade de consulta formal da Seae sobre novas normas e regulamentos das agências reguladoras. Dessa maneira se formalizará o diálogo que já existe com as agências e os diversos ministérios setoriais em que a Seae procura contribuir para o desenvolvimento de uma regulação que atinja os objetivos de política setorial do governo, alavancando ao máximo os mecanismos que privilegiem os fortes incentivos da concorrência.

REFERÊNCIAS BIBLIOGRÁFICAS

OCDE/BID. *Lei e política de concorrência no Brasil, uma revisão pelos pares*, OECD Publications, Paris, 2005.

SEAE/SDE. *Guia para análise econômica de atos de concentração horizontal*, Brasília, 2002.

TAVARES DE ARAUJO, José. *Perspectivas da política de concorrência no Brasil — o controle de fusões e aquisições*, Rio de Janeiro: Fórum Nacional, 2005.

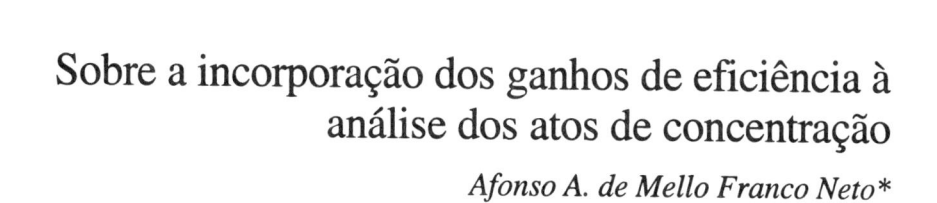

Sobre a incorporação dos ganhos de eficiência à análise dos atos de concentração

Afonso A. de Mello Franco Neto*

---
*Professor da EPGE-FGV, Rio.

O ARTIGO DE José Tavares de Araujo Jr. expõe algumas críticas ao Guia para Análise Econômica de Atos de Concentração Horizontal (Portaria Conjunta da Secretaria de Acompanhamento Econômico-Seae/Secretaria de Direito Econômico-SDE n° 50 de 2001), na sua função de orientar o exame dos efeitos de tais atos de acordo com os ditames da Lei de Concorrência (Lei 8.884/94).

Na introdução, o artigo atribui às limitações do marco analítico do guia, a que ele se refere como modelo "estrutura-conduta-desempenho" (ECD), a origem de várias deficiências na orientação da análise de atos de concentração pelo Sistema Brasileiro de Defesa da Concorrência (SBDC). De acordo com o autor, devido ao irrealismo de tal modelo frente à complexidade das circunstâncias que envolvem os atos e ao risco de serem feitas interpretações literais das suas orientações, podem decorrer erros de avaliação, em desacordo com os critérios legais.

Não se propõe discutir aqui o mérito dos fundamentos teóricos e empíricos da metodologia de análise do guia brasileiro que, de mais, é herdeira de uma tradição internacional debatida extensamente na literatura econômica[1]. Tampouco é possível debater toda a ampla extensão de temas abordados no artigo. Este breve comentário enfoca apenas um dos temas levantados com destaque, que é o da relevância da incorporação dos ganhos de eficiência dinâmicos à análise de atos de concentração. Com esse objetivo, segue-se um breve resumo dos argumentos relacionados ao tema no artigo.

---

[1]Ver, por exemplo, Willig, Robert D. "Merger Analysis, Industrial Organization Theory and Merger Guidelines", in *Brookings Papers on Economic Activity. Microeconomics*, vol. 1991, 281-332.

Na Seção 3, o artigo defende que a análise antitruste das conseqüências de atos de concentração requer a adoção de uma perspectiva de longo prazo, já que as decisões de fusão e aquisição das empresas geralmente fazem parte de planos estratégicos de crescimento com longos horizontes de programação. Com essa perspectiva, o artigo ressalta a relação, observada tanto em indústrias nascentes quanto em indústrias tradicionais, entre os ciclos históricos de eventos de fusões e aquisições e a introdução e disseminação de inovações de processos e produtos.

Na Seção 4, o artigo reconhece que a metodologia do guia é deliberadamente simplista e genérica, a fim de destacar os vínculos entre delimitação do mercado, concentração e impacto sobre o bem-estar. O artigo observa, no entanto, que tal metodologia não é adequada para a consideração devida de ganhos de eficiência eventualmente produzidos pela concentração, principalmente aqueles que só são observados no longo prazo, decorrentes de processos dinâmicos de competição e entrada provocadas pela introdução de inovações.

Em síntese, o artigo sugere que a antecipação do cenário de longo prazo é essencial para uma avaliação completa dos efeitos sobre o bem-estar de concentrações. Para tal fim, seria necessária uma adaptação do guia no sentido de se ampliar o escopo do exame das eficiências dinâmicas de concentrações. Segue-se, assim, o comentário sobre as duas considerações.

Em primeiro lugar, é preciso definir o que se entende aqui por eficiências dinâmicas. Eficiências dinâmicas são os ganhos de eficiência produtiva gerados no longo prazo por decisões de investimento das firmas que podem ser incentivadas por efeito da concentração. Mais especificamente, trata-se aqui das eficiências dinâmicas geradas por investimentos em Pesquisa e Desenvolvimento (P&D)[2].

De fato, um exame cuidadoso dos aspectos dinâmicos das decisões de investimento das firmas em P&D pode revelar ganhos de eficiência que não seriam aparentes num exame estritamente estático das tecnologias de produção das firmas. Além de tecnologias de produção dos bens que ofertam no mercado, as firmas detêm suas próprias tecnologias de investimento em P&D.

---

[2] De acordo com a interpretação adotada pelos autores em G. L. Roberts, S. C. Salop, "Efficiency Benefits em Dynamic Merger Analysis", in *World Competition, Law and Economics Review*, 1995, p. 5-17.

A concentração entre as firmas pode aumentar o retorno do investimento em P&D, aumentando com isso a velocidade de introdução de inovações em processos e produtos pela nova empresa.

Os incentivos econômicos gerados pela concentração para o aumento do investimento em P&D podem decorrer de complementaridades entre os ativos tangíveis e intangíveis das firmas na produtividade da tecnologia de investimentos ou da diluição dos custos do investimento em P&D por uma quantidade maior de produto do que aquelas ofertadas individualmente. O aumento do ritmo de introdução de inovações pela nova empresa pode ter pelo menos dois efeitos que contribuiriam para um aumento de bem-estar no mercado.

Por um lado, em alguns casos, as inovações podem ser adotadas a um custo baixo pelas firmas concorrentes, por cópia ou engenharia reversa, originando um processo de difusão tecnológica que é uma externalidade positiva no mercado. Neste processo, as firmas concorrentes se apropriam, total ou parcialmente, apenas dos resultados bem-sucedidos do investimento em P&D da nova firma, poupando recursos de investimento.

A magnitude da externalidade é tanto maior quanto mais provável é a disseminação das inovações entre os concorrentes. A difusão das inovações reduz o custo de produção ou permite a oferta de melhores produtos por todos os concorrentes, com benefícios óbvios para os consumidores.

Por outro lado, o aumento do ritmo de inovações por parte da nova firma pode induzir estrategicamente um aumento do investimento independente em P&D das concorrentes, intensificando a competição entre elas pelo mercado. A intensificação da competição pelo mercado reduz os prazos durante os quais uma firma qualquer pode exercer poder de mercado, já que esse poder de mercado passa a ser contestado mais intensamente por inovações de concorrentes.

Ambas as possibilidades, a difusão de inovações como externalidade positiva ou a indução estratégica à intensificação do investimento independente, são capazes de produzir redução dos preços e aumento da qualidade dos produtos no longo prazo, com possíveis benefícios para os consumidores.

Além de constituírem uma possibilidade real, tais ganhos de eficiência dinâmicos merecem ser considerados seriamente também pela sua capacidade de reconciliar os critérios de bem-estar econômico agregado e bem-estar do consumidor.

Como lembra o guia, a Lei 8.884/94 (art. 54, § 1º) exige que os benefícios da operação sejam "distribuídos eqüitativamente" entre os seus participantes, de um lado, e os consumidores ou usuários finais, de outro. A Lei (art. 54, § 2º) também veda a provação de atos que têm a possibilidade de causar "prejuízo" ao consumidor ou usuário final.

Há controvérsia sobre se a formulação da Lei 8.884 opta ou não em favor do critério de bem-estar do consumidor em detrimento do critério de bem-estar econômico agregado, isto é, se um aumento imediato de preço, previsível como efeito da operação, deva ser interpretado como "prejuízo" ao consumidor, na racionalidade do legislador.

A principal razão dessa controvérsia, geralmente alegada pelos defensores do critério do bem-estar econômico agregado, é que os ganhos de eficiência alocativa da concentração acabam por produzir um aumento de riqueza para a sociedade como um todo no longo prazo, quando os efeitos redistributivos se diluem.

A possibilidade de ganhos de eficiência dinâmicos por difusão tecnológica explicita um mecanismo pelo qual os consumidores acabam por se beneficiar do ato de concentração, através de preços mais baixos e qualidade maior dos produtos no longo prazo, mesmo que haja um aumento de preço decorrente do aumento de poder de mercado imediatamente após a operação. Dessa forma, na presença de eficiências dinâmicas, pelo menos no longo prazo, os critérios do bem-estar econômico agregado e do bem-estar do consumidor podem coincidir.

Dada a plausibilidade e a relevância dos ganhos de eficiência dinâmicos, é preciso, contudo, reconhecer, que sua natureza é a mesma das eficiências estáticas tradicionais para os fins da análise antitruste. Sendo assim, todas as restrições para que um ganho de eficiência estático possa ser legitimamente reconhecido como um benefício decorrente do ato e ponderado com os eventuais prejuízos à concorrência pela regra da razão também se aplicam às eficiências dinâmicas.

Em particular, é preciso que as eficiências dinâmicas em questão sejam efetivamente específicas à concentração. Se tais eficiências podem ser alcançadas unilateralmente pelas firmas através de decisões de investimento independentes, e previsivelmente seriam realizadas na ausência da concentração, então não podem ser contabilizadas como benefícios da concentração.

Além disso, também seria preciso avaliar se as condições favoráveis à realização das eficiências dinâmicas geradas pela concentração também não poderiam ser geradas alternativamente por contratos menos restritivos à concorrência. Nesse sentido, nota-se que, em muitos casos, tecnologia e capital humano são ativos que podem ser transacionados no mercado, e que as *joint ventures* com finalidade de pesquisa são soluções comuns de integração parcial de ativos, voltadas para a combinação de atividades de P&D.

A implementação de uma análise que inclua a consideração de eficiências dinâmicas também está sujeita a todas as dificuldades inerentes à consideração das eficiências estáticas tradicionais. Além da própria dificuldade de identificação das eficiências, o problema de mensuração da magnitude da possível redução de preços que ela promete é ainda maior do que no caso das eficiências estáticas. O problema envolve uma estimação não só da magnitude da externalidade de difusão tecnológica como também da velocidade em que essa difusão se dá no mercado.

Quanto à adequação das orientações do guia para a consideração dos aspectos relacionados com as eficiências dinâmicas, nota-se que ele já contém itens que tratam, senão diretamente, pelo menos indiretamente, das questões relevantes envolvidas. Sobre isso, destacam-se os seguintes itens da Etapa IV — Eficiências Econômicas: *79. Introdução de uma nova tecnologia* e *81. Externalidades*.

Assim, tanto na base metodológica quanto no escopo dos fatores a serem considerados, o guia inclui, direta ou indiretamente, orientações consistentes com a boa prática antitruste e com os ditames da Lei de Concorrência sobre os aspectos relevantes a serem considerados, incluindo possíveis ganhos de eficiência por sinergias entre tecnologias de P&D.

Por outro lado, a consideração dos ganhos de eficiência dinâmicos envolve tantas ou mais dificuldades práticas de implementação quanto os ganhos de eficiência estáticos tradicionais, o que justifica seu tratamento pelo guia com o mesmo grau de flexibilidade com que trata os segundos.

Em resumo, o artigo é muito bem-sucedido em destacar aspectos das concentrações que merecem um cuidado especial da análise do SBDC, devido às especificidades que dificultam seu tratamento de forma rotineira, como é o caso das eficiências dinâmicas relacionadas com sinergias nos investimentos em P&D. Contudo, nem todas as críticas à metodologia do Guia para Análise Econômica de Atos de Concentração Horizontal são merecidas. Com poucas exceções[3], o guia contém orientações sobre a incorporação da maioria dos fatores importantes na análise de atos de concentração. Em geral, são formuladas de maneira intencionalmente ampla, para permitir a flexibilidade de análise que as especificidades de cada caso exigem.

---

[3]Vale destacar a ausência de previsão sobre *countervailing buyer power* no guia, conforme notada pelo autor.

A modernização da análise de atos de concentração

*Sérgio Varella Bruna**

---

*Da Fundação Getulio Vargas (FGV), São Paulo. Ex-presidente do Conselho Administrativo de Defesa Econômica (Cade).

O EXCELENTE ESTUDO de autoria do professor José Tavares de Araujo Jr., sob o título "Perspectivas da política de concorrência no Brasil — o controle de fusões e aquisições", traz aperfeiçoamentos que podem ser introduzidos na análise de atos de concentração, pelos órgãos integrantes do Sistema Brasileiro de Defesa da Concorrência (SBDC).

Certamente, o desenvolvimento do país reclama uma política de competição moderna, que seja capaz de assegurar a eficiência dos mercados e a defesa do bem-estar dos consumidores.

Nesse ponto, é forçoso reconhecer que muito já se fez no sentido do aprimoramento da aplicação das normas do direito antitruste. De fato, desde a publicação da Lei 8.884/1994 a atuação dos órgãos do SBDC vivenciou fases distintas, sendo notável o progresso alcançado.

De início, pôde-se notar um esforço para a assimilação social da defesa da concorrência e da atuação dos órgãos correspondentes. Após um rigor inicial, com as decisões dos casos Gerdau/Pains e Rhodia/Sinasa, o Conselho Administrativo de Defesa Econômica (Cade) buscou demonstrar aos agentes de mercado que suas decisões eram dotadas de flexibilidade e que não poderiam ser vistas como entraves ao desenvolvimento dos negócios empresariais. Exemplos dessa nova abordagem são as decisões tomadas no caso Kolynos e na revisão do caso Gerdau/Pains.

Concomitantemente, o Cade esforçou-se em disseminar o conhecimento sobre a existência da lei de defesa da concorrência. À época, o órgão monitorava os principais jornais de negócios e enviava ofícios às empresas, caso as operações divulgadas pela imprensa não fossem notificadas para aprovação. Também como resultado desse esforço, passou o Cade a dar interpretação restritiva ao critério de faturamento estabelecido no § 3º, do artigo 54, da

Lei 8.884/1994, adotando a interpretação de que deveriam ser notificadas operações realizadas por empresas cujos grupos possuíssem um faturamento mundial superior a R$ 400 milhões, não mais se considerando apenas o faturamento no Brasil. A jurisprudência do período denota grande ênfase na aplicação de multas por intempestividade na apresentação das operações, com crescente rigor quanto à espécie de documento contratual capaz de ensejar a obrigação de notificação, nos termos do artigo 54 da Lei 8.884/1994.

Tal esforço foi bem-sucedido no que diz respeito a criar uma consciência geral sobre a existência da lei de concorrência e sobre a atividade dos órgãos antitruste. Entretanto, resultou também num excessivo número de notificações, contrastado com a existência de quase nenhuma decisão em que restrições efetivas aos efeitos anticompetitivos do negócio tenham sido impostas.

Afora isso, a duração dos processos foi severamente afetada. Com poucos recursos materiais e humanos e um crescente número de casos, as autoridades freqüentemente faziam uso de pedidos de informações adicionais, muitas vezes despidos de qualquer utilidade prática para a análise do caso, somente para interromper o prazo estabelecido pela lei para a aprovação tácita do negócio (Lei 8.884/1994, § 7º).

Como era de se supor, os inconvenientes gerados por esse conjunto de atitudes das autoridades do SBDC atraíram severas críticas internacionais, levando às autoridades a gradativamente reverem suas posições e a buscarem um comprometimento maior com a eficiência dos procedimentos.

Desde então, muito se avançou.

Em primeiro lugar, com a adoção do procedimento sumário para a análise de operações de baixo impacto concorrencial, que são hoje a esmagadora maioria dos casos submetidos à análise do Cade[1].

Em segundo, com a adoção do Guia Conjunto de Análise de Concentrações Horizontais[2], que conferiu racionalidade à análise dessa espécie de operação, aumentando a eficiência dos procedimentos e reduzindo o número de informações adicionais solicitadas às partes do negócio, sempre que seus efeitos no mercado sejam irrelevantes.

---

[1] Hoje objeto da Portaria Conjunta SDE/Seae nº 1/2003.
[2] Portaria Conjunta SDE/Seae 50/2001.

Mais recentemente, com o abandono da interpretação de que o critério de faturamento, para fins da submissão ao dever de notificar, devesse considerar o faturamento do grupo em todo o mundo e não apenas no Brasil.

Os efeitos dessa nova postura já se fazem sentir nos processos de análise de atos de concentração. Primeiramente, pela significativa redução do prazo de tramitação dos processos, que vai aproximando-se gradativamente de padrões internacionalmente aceitáveis. Além disso, pelo quase total abandono da estratégia de expedição de solicitações de informações adicionais para o fim de suspender a tramitação dos processos e, conseqüentemente, do respectivo prazo de aprovação tácita. E, o mais importante, pelo crescente enfoque nas análise de processos por condutas anticoncorrenciais e operações com efetivo impacto no mercado.

Após mais de 10 anos da promulgação da Lei 8.884/1994, entretanto, os desafios persistem.

A recente decisão adotada no caso Nestlé/Garoto revelou que a assimilação institucional das autoridades de defesa da concorrência ainda não se deu por completo. São diversos os setores da sociedade que não parecem dispostos a tolerar uma autoridade que possua uma atuação efetiva e interfira nos negócios entre as empresas, nos mesmos moldes do que o fazem as autoridades dos países desenvolvidos.

A par dessa questão, as autoridades do SBDC continuam sofrendo as limitações decorrentes da falta de recursos materiais e humanos que afeta o Estado brasileiro como um todo.

A nosso ver, a modernização da análise de operações de concentração econômica passa por dois caminhos distintos.

Primeiro, pelo aprimoramento do ferramental analítico. Nesse campo, desempenham importante papel trabalhos como o da lavra do professor José Tavares de Araujo Jr., submetido à discussão do Fórum Nacional. Hoje, pode-se notar claramente uma brutal elevação do nível de preparo profissional daqueles que atuam na área. Ao contrário de antes, temos hoje significativa experiência acumulada na análise de operações de concentração econômica, que pode indicar-nos quais caminhos devemos seguir para o aprimoramento dos meios de análise.

Todavia, o principal é que sejamos capazes de modernizar o quadro normativo, especialmente mediante o aprimoramento da lei vigente.

Na reforma legislativa, é de crucial importância criar condições para que se aprofunde a assimilação social da atividade antitruste, provendo as autoridades de condições que assegurem a eficácia de suas decisões. Nesse campo, a adoção de um sistema de análise prévia de atos de concentração é certamente uma das possibilidades.

Contudo, um sistema de análise prévia não deve ser adotado sem maiores cuidados.

De fato, a falta de recursos que assola o Estado brasileiro não pode redundar em que os processos deixem de ser analisados dentro de um prazo razoável. Do contrário, novamente, seremos motivos de críticas internacionais, agora certamente mais severas, pois a pendência de decisões no Brasil poderá prejudicar a consumação de negócios no restante do mundo. É preciso pois que a lei preveja prazos rígidos de análise e que se implemente, de uma vez por todas, um sistema de aprovação tácita eficaz, caso não sejam cumpridos esses prazos. Releva notar que mesmo as operações de maior impacto devem ser analisadas em tempo razoável, sob pena de inviabilização do negócio. A análise de nossa história recente revela que ainda não alcançamos a eficiência necessária.

A menos que se assegurem recursos materiais e humanos suficientes, disposições legais adequadas e o comprometimento das autoridades com a eficiência do sistema, é certamente preferível persistirmos com um sistema de análise posterior, a trocarmos os pés pelas mãos num sistema de análise prévia para o qual não estejamos preparados.

Nesse campo, o papel do Instituto Brasileiro das Relações de Concorrência e Consumo (Ibracc) é de suma importância, na medida em que o instituto congrega os principais profissionais e empresas que figuram na área, os quais, sem sombra de dúvida, devem participar ativamente da discussão da reforma atualmente em trâmite no Congresso Nacional. O Ibracc está comprometido com tal propósito, para o que está promovendo uma série de eventos voltados à discussão do projeto de lei, que culminarão em propostas a serem encaminhadas ao Congresso Nacional para o aprimoramento do projeto de lei presentemente em análise.

Certamente, todos ganharemos com um sistema mais moderno para a análise de atos de concentração. Ganhará o país, na medida em que uma moderna política de concorrência favoreça o desenvolvimento nacional e viabilize a realização de eficiências econômicas; nós, consumidores, pelos benefícios que o desenvolvimento econômico com competição é capaz de significar, em termos de produtos melhores e preços mais baixos.

A política de competição no Brasil na perspectiva do desenvolvimento[*]

Gesner Oliveira[**]
Cinthia Konichi[***]

---

[*]As versões anteriores deste texto foram discutidas no Grupo de Estudos em Regulação, Concorrência e Comércio da Fundação Getulio Vargas, no Instituto Tendências e no Centro de Estudos Brasileiros da Universidade de Columbia. Agradecemos as inúmeras sugestões e comentários. Valem as advertências de costume.
[**]Da Fundação Getulio Vargas (FGV), São Paulo. Ex-presidente do Conselho Administrativo de Defesa Econômica (Cade).
[***]Do Grupo de Estudos sobre Competição, Regulação e Comércio da FGV, São Paulo.

INTRODUÇÃO

O OBJETIVO DESTE artigo é discutir a evolução da defesa da concorrência no Brasil a partir de uma perspectiva histórica e comparada. Em contraste com a experiência de vários países da Organização para a Cooperação Econômica e Desenvolvimento (OCDE), e dos Estados Unidos em particular, a defesa da concorrência se tornou relevante apenas recentemente no Brasil. Sua importância crescente para a política pública não foi precedida por um desenvolvimento gradual das instituições e de uma cultura de competição. Em decorrência, as "melhores práticas" dos países da OCDE não podem ser automaticamente importadas sem a devida atenção às peculiaridades de uma economia em desenvolvimento.

O trabalho está dividido em quatro seções, incluindo esta introdução. A Seção 2 descreve as precondições para o estabelecimento de uma ativa política de defesa da concorrência no Brasil e suas diferentes fases, o que permite um contraste com a evolução antitruste nos EUA, na União Européia e em outras jurisdições. A Seção 3 discute os desafios e peculiaridades da implementação da defesa da concorrência em uma economia em desenvolvimento, com enfoque na experiência brasileira. A Seção 4 aponta algumas sugestões de reforma na legislação brasileira para atingir as "melhores práticas". Uma seção final contém as principais conclusões.

REFORMAS ESTRUTURAIS E ESTABILIZAÇÃO: PRECONDIÇÕES PARA UMA POLÍTICA ATIVA DE DEFESA DA CONCORRÊNCIA NO BRASIL[1]

A motivação para a implementação da defesa da concorrência no Brasil se diferencia das experiências nos EUA, na União Européia e em outras jurisdições. Como em outras economias em desenvolvimento, a defesa da concorrência não foi uma conseqüência natural da evolução da economia de mercado. Inicialmente, foi um instrumento para disseminar as instituições de mercado após décadas de vigência do modelo de substituição de importações, em que o Estado detinha papel fundamental na acumulação de capital. A Figura 1 sumaria a evolução da defesa da concorrência no Brasil.

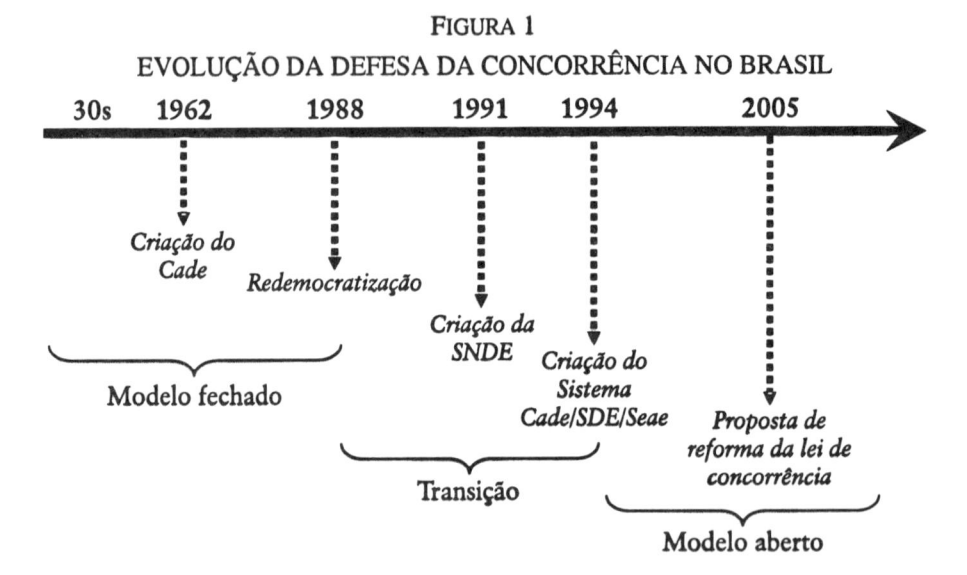

FIGURA 1
EVOLUÇÃO DA DEFESA DA CONCORRÊNCIA NO BRASIL

30s — 1962 (Criação do Cade) — 1988 (Redemocratização) — 1991 (Criação da SNDE) — 1994 (Criação do Sistema Cade/SDE/Seae) — 2005 (Proposta de reforma da lei de concorrência)

Modelo fechado (30s–1988) | Transição (1988–1994) | Modelo aberto (1994–2005)

FONTE: Vários documentos e textos legais.

Apesar da primeira legislação brasileira sobre concorrência ser da década de 1930, sua implementação não foi relevante até meados da década de 1990. Sob o modelo de substituição de importações, o Estado brasileiro interveio

---

[1] As Seções 2 e 3 apóiam-se amplamente em Oliveira & Fujiwara (2006), a ser publicado no *Northwestern Journal of International Law & Business*.

em diversos setores a fim de induzir a industrialização. Além da proeminente presença do Estado, o modelo se caracteriza como uma economia fechada, que produz majoritariamente para o mercado doméstico. Baseada nessa estrutura, a economia brasileira apresentou elevadas taxas de crescimento, que se sustentaram até meados da década de 1970.

Entretanto, após o choque do petróleo, o modelo apresentou diversas limitações devido à falta de financiamento externo e à crise fiscal. Durante 1980-1989, a taxa anual de crescimento caiu para 1%, bem abaixo da média de 7% do período 1970-1979.[2] Na década de 1980, a inflação já ultrapassava três dígitos e em 1989-1990 o Brasil vivenciou um período de hiperinflação. Esses fatores, combinados com a queda da produtividade nos setores estatais, conduziram à grandes mudanças na política do país.

Cinco mudanças explicam a importância crescente da defesa da concorrência no Brasil. Em primeiro lugar, a *liberalização da economia*. Este processo teve início no governo Sarney mas foi acelerado com a Política Industrial e de Comércio Exterior (Pice), lançada no governo Collor (1990-1992). O processo de abertura da economia foi relativamente gradual, como é demonstrado no Gráfico 1. A Política Industrial e de Comércio Exterior eliminou os

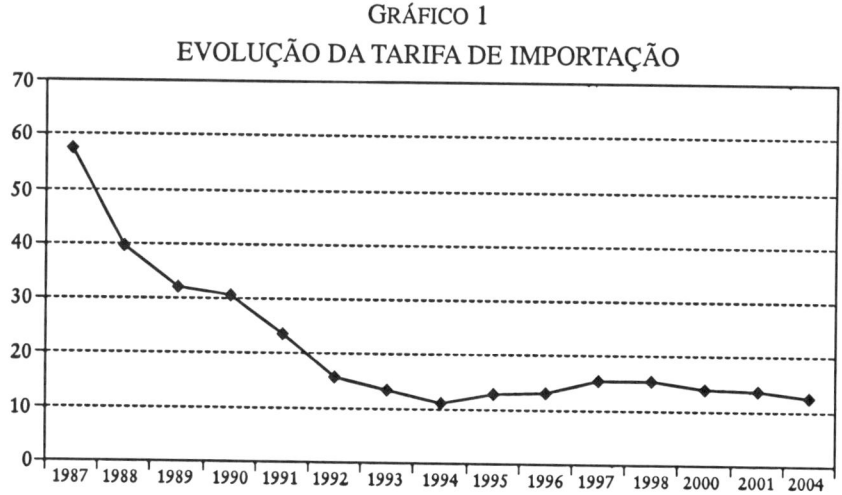

GRÁFICO 1
EVOLUÇÃO DA TARIFA DE IMPORTAÇÃO

FONTE: OMC, Silber (2002) e Kume *et al.* (2000).

---

[2]Fonte: IBGE.

regimes especiais de importação e reduziu barreiras não-tarifárias. A tarifa média de importação caiu de 57,5% em 1987 para 13,4% em 1998, enquanto a tarifa máxima caiu de mais de 100% para 38,1% no mesmo período.[3]

Em segundo lugar, o programa de *privatização* reduziu a intervenção direta do Estado na economia. Algumas empresas foram privatizadas na década de 1980 mas isto não gerou mudança efetiva no tamanho do Estado. As companhias privatizadas nesse período foram adquiridas pelo Estado devido a dificuldades financeiras e sua privatização significou apenas uma revenda para o setor privado. O valor total dessas transações foi relativamente pequeno: US$ 780 milhões.

O programa de privatização foi acelerado nas administrações de Collor e Itamar Franco. Durante estes dois governos (1991-1994), o foco do programa foi privatizações de empresas de aço, petroquímica e fertilizantes que não exigiram grandes mudanças regulatórias. Receitas de privatização totalizaram US$ 8,6 bilhões.

No período seguinte, durante o primeiro mandato de FHC (1995-1998), o programa compreendeu a venda de empresas estatais em setores de infra-estrutura, como telecomunicações, eletricidade e rodovias. As receitas desse período totalizaram US$ 86,9 bilhões.[4] Dada a importância desse programa e os elementos de monopólio natural envolvidos em muitos dos mercados afetados, temas regulatórios tornaram-se centrais na agenda de políticas públicas.

Desta forma, a terceira mudança refere-se à *regulação*. Como parte da infra-estrutura foi privatizada, tornou-se imprescindível que o Estado deveria desenhar marcos regulatórios específicos. O Brasil já tinha algumas agências governamentais com poderes regulatórios,[5] mas estas não tinham as mesmas características dos órgãos criados na segunda metade da década de 1990 como parte do processo de transformação do papel do Estado na esfera econômica. Note-se que nos EUA muitas agências reguladoras precederam as agências antitruste. No Brasil, entretanto, elas foram criadas após a entrada em vigor da lei de defesa da concorrência.[6] Os órgãos antitruste eram os que tinham uma

---

[3] Kume *et al.* (2000).
[4] Oliveira (1996, p. 88-92).
[5] Como o Banco Central (Lei nº 4.595/64), a Superintendência de Seguros Privados (Lei nº 73/66), ou a Comissão de Valores Mobiliários (Lei nº 6.385/76).
[6] Ver Viscusi, Vernon & Harrington Jr. (1995).

certa *expertise* para lidar com os problemas verticais e horizontais que geralmente surgem nas indústrias regulamentadas.

Outro contraste interessante está relacionado ao papel dos governos subnacionais. Nos EUA, os estados foram ativos na regulamentação. No Brasil a iniciativa foi principalmente federal. Alguns estados brasileiros seguiram seu exemplo em áreas em que tinham poderes para outorgar concessões, como as de gás natural e rodovias.

A quarta mudança relaciona-se à *estabilização*. De tato, quando a inflação era alta e crescente, não havia espaço para políticas microeconômicas. Preocupações com peso morto pareciam supérfluas enquanto os preços cresciam mais que 20% e 30% por mês.[7]

Assim, a inflação tornou-se a principal preocupação em meados da década de 1980. Diversos planos de estabilização foram implementados entre 1986 e 1994. A combinação de coordenação de expectativas inflacionárias através de reforma monetária, uso da taxa de câmbio como âncora nominal e algum esforço para controlar as contas fiscais no Plano Real conseguiu baixar a taxa de inflação. A média de inflação no período 1995-2005 foi de 8,17%. A maior parte das previsões para os próximos anos apontam para taxas de um dígito.[8]

A quinta mudança refere-se ao *ambiente internacional*. De diferentes maneiras, a defesa da concorrência tornou-se mais importante devido a recomendações de políticas por parte de organismos internacionais. A Conferência das Nações Unidas para o Comércio e o Desenvolvimento (Unctad), sempre aconselhou ativamente a disseminação de temas de concorrência em economias em desenvolvimento. A Unctad sempre foi ativa na disseminação de questões de concorrência nos países em desenvolvimento. Durante os anos 1980, o Banco Mundial prescreveu a defesa da concorrência como um dos requisitos condicionais para os empréstimos de ajuste estrutural. A concorrência também foi incluída como um dos temas da Conferência Ministerial de Cingapura em 1996, sendo criado um grupo de trabalho sobre comércio e

---

[7]Ver nota de rodapé 2.
[8]Fonte: Fundação Getulio Vargas.

defesa da concorrência na Organização Mundial do Comércio (OMC).[9] Esse grupo foi muito atuante até a reunião de Cancun em 2001, quando a competição não era mais um item de negociação na Rodada de Doha. Finalmente, a criação de diferentes fóruns multilaterais, como a Rede Internacional de Defesa da Concorrência (http://www.internationalcompetitionnetwork.org) ou o Fórum Global de Defesa da Concorrência (http://www.globalcompetitionforum.org) estimularam a adoção de leis nacionais de defesa da concorrência, assim como a emulação das chamadas "melhores práticas" advindas da experiência internacional.

O papel e as características da defesa da concorrência têm variado de acordo com o estágio de desenvolvimento de um determinado país. No caso do Brasil, a defesa da concorrência tornou-se relevante somente no contexto de uma economia mais aberta e de mercado no final do século XX. A próxima seção fornece mais detalhes sobre a evolução da defesa da concorrência no Brasil.

AS TRÊS FASES DA DEFESA DA CONCORRÊNCIA NO BRASIL

Pode-se identificar três fases de políticas de defesa da concorrência no Brasil, conforme indicado no Quadro 1. O Quadro 2 contém uma lista da legislação relevante. A divisão é, claramente, arbitrária. Alguns casos de competição ocorreram mesmo quando o regime se caracterizava por uma forte intervenção do Estado na economia, enquanto os traços e vícios do intervencionismo persistiram após a vigência de uma lei de defesa da concorrência mais moderna. O Quadro 3 resume o desenvolvimento histórico da legislação de defesa da concorrência no Brasil.

---

[9] Para informação sobre as ações da OMC relativas a políticas de competitividade, ver a página da OMC (http://www.wto.org/english/ tratop_e/comp_e/comp_e.htm).

QUADRO 1
AS TRÊS FASES DA DEFESA DA CONCORRÊNCIA NO BRASIL

Lei	Data	Referência à Constituição Federal (CF)	Órgão governamental envolvido
Economia fechada			
DL 869	18/11/38	CF 1937, art. 141	
DL nº 7.666 "Lei Malaia"	22/06/45		Comissão de Defesa Econômica (Cade)
Lei nº 1.521	26/12/51		
Lei nº 1.522	26/12/51		Comissão Federal de Preços e Abastecimento (Cofap)
Lei nº 4.137	10/09/62	CF 1946, art. 148	(Cade)
Lei nº 4	26/09/62	CF 1946, art. 146	Superintendência Nacional de Abastecimento e Preços (Sunab)
DL nº 52.025 Decreto nº 63.196	20/05/63 29/08/68	Lei nº 4137 CF 1967, art. 83, II Revogado em 25/04/91	Comissão Interministerial de Preços (CIP)
DL nº 92.323	23/01/86	Revoga DL 52.025 Regulamenta Lei 4.137	
Fase de transição			
1988 Constituição			
Lei nº 8.137	02/12/90	CF 1988, arts. 170 e 173	
DL nº 99.244	10/05/90	CF 1988, arts. 170 e 173	SNDE
Lei nº 8.158 (MP 204/90)	09/01/91	CF 1988, arts. 170 e 173	SDE

(Continua)

QUADRO 1
AS TRÊS FASES DA DEFESA DA CONCORRÊNCIA NO BRASIL (cont.)

Lei	Data	Referência à Constituição Federal (CF)	Órgão governamental envolvido
Economia aberta			
Lei nº 8.884	11/06/94	CF 1988, arts. 170 e 173	Cade torna-se autarquia
Lei nº 9.021	30/03/95	CF 1988, arts. 170 e 173 arts. 170 e 173	
Lei nº 9.069	29/06/95	CF 1988, arts. 170 e 177	
Lei nº 9.470	10/07/97	CF 1988, arts. 170 e 173	
Resolução nº 15	19/08/98	CF 1988, arts. 170 e 173	Cade
Resolução nº 20	03/06/99	CF 1988, arts. 170 e 173	Cade
MP nº 2.055	11/08/00	CF 1988, arts. 170 e 173	Seae/SDE/Cade
MP nº 2.056	11/08/00	CF 1988, arts. 170 e 173	Seae/SDE/Cade/ ANP
Lei nº 10.149	21/12/00	CF 1988, arts. 170 e 173	Seae/SDE/Cade
Portaria 50 de 2001	01/08/01	CF 1988, arts. 170 e 173	Seae/SDE
Resolução nº 28	24/07/02	CF 1988, arts. 170 e 173	Cade
Portaria Conjunta nº 1	18/02/03	CF 1988, arts. 170 e 173	Seae/SDE/Cade
SDE Portaria nº 4	05/01/06	CF 1988, arts. 170 e 173	SDE

FONTE: Vários documentos e textos legais.

QUADRO 2
EVOLUÇÃO DA LEGISLAÇÃO ANTITRUSTE NO BRASIL

	LEI		
	4.137 *(1962)*	8.158 *(1991)*	8.884 *(1994)*
Organismo	Cade	Cade SNDE	Cade SDE Seae
Escopo	Conduta	Conduta	Estrutura Conduta
Grau de autonomia	Nenhum	Nenhum	Cade torna-se mais independente, seus membros têm um mandato de dois anos

FONTE: Vários documentos e textos legais.

QUADRO 3
O TAMANHO DO SETOR INFORMAL EM PAÍSES SELECIONADOS

País	Economia informal (% PIB)
Argentina	25,4
Austrália	15,3
Áustria	10,2
Brasil	39,8
Canadá	16,4
Chile	19,8
China	13,1
França	15,3
Alemanha	16,3
Índia	23,1
México	30,1
África do Sul	28,4
Estados Unidos	8,8

FONTE: Banco Mundial.

A *primeira fase* se estende desde a promulgação da Constituição de 1937, sob a ditadura Vargas, até a Constituição de 1988, quando foram dados os primeiros passos em direção a uma economia mais aberta.[10] Essa fase caracterizou-se por um alto grau de intervenção do Estado na economia e um papel marginal para a defesa da concorrência. De fato, durante o modelo de substituição de importações, no qual o Estado desempenhou um papel crucial na produção e interveio diretamente nos mercados, o antitruste não tinha a menor importância.

Durante essa primeira fase, não havia uma legislação de defesa da concorrência no Brasil. Ao invés da proteção do mercado, várias iniciativas visavam a fornecer instrumentos para que o Estado pudesse intervir na economia. A proteção do mercado significava, na realidade, a possibilidade legal de intervenção do Estado.

Observe-se que, a despeito das dificuldades para implementar a defesa da concorrência nessa fase, uma lei antitruste mais moderna foi aprovada em 1962.[11] Foi criada, naquele mesmo ano, uma agência nacional para a defesa da concorrência, o Conselho Administrativo de Defesa Econômica (Cade).[12] O número de casos levado ao Cade nas três décadas que se seguiram foi relativamente pequeno, como descrito na Seção 5, mas mesmo essa atividade limitada impulsionou, em algumas cidades importantes, a ascensão de certos círculos profissionais dedicados ao antitruste.[13] Entretanto, o Cade não estava envolvido em planejamento. O setor estatal permanecia dominante e a maioria dos mercados estava sob algum tipo de controle governamental direto ou indireto. Os órgãos de controle de preços, como o Conselho Interministerial de Preços (CIP) e a Superintendência Nacional de Abastecimento e Preços (Sunab), tinham muito mais poder do que o Cade.

---

[10]A Constituição de 1988 é seriamente falha a respeito de macro-políticas e de equilíbrio fiscal, mas assentou os alicerces legais para que o papel do Estado na economia seja mais regulatório e menos intervencionista.
[11]Lei nº 4.137 de 9 de outubro de 1962.
[12]Lei nº 4.137 de 9 de outubro de 1962.
[13]Farina (1990) foi pioneiro na discussão dos aspectos econômicos da experiência inicial do Cade. Documentos do Instituto Brasileiro das Relações de Concorrência e Consumo (Ibracc) e várias outras publicações revelam que alguns estudiosos e profissionais começaram suas atividades em São Paulo, no Rio de Janeiro, em Belo Horizonte e em Porto Alegre nos anos 1970 e 1980.

A *segunda fase* começou no final dos anos 1980. A Constituição de 1988 reconheceu o papel central do setor privado, e foram introduzidas as primeiras medidas de liberalização do comércio.[14] No entanto, muitos setores da economia ainda estavam sob o controle direto do governo, e os controles de preços não foram totalmente eliminados. Essa fase, portanto, marca um período de transição.

A transição caracterizou-se por uma mudança de direção para uma economia mais aberta, com maior exposição à economia mundial e menos intervenção do Estado, em comparação com o período do modelo de substituição de importações.[15] Esse processo de transformação estrutural acarretou várias outras mudanças, tornando obsoleto o sistema anterior de controle de preços.[16]

Outra característica dessa fase foi a contínua crise macroeconômica representada pela hiperinflação. Para que uma economia indexada como a do Brasil alcançasse estabilidade, era necessária uma estratégia específica para coordenar os agentes econômicos, de modo a reduzir a taxa de inflação, que era extremamente alta, a uma taxa anual de apenas um dígito. Assim, era preciso algum tipo de mecanismo de coordenação como parte do novo regime de políticas. Isto explica por que levou algum tempo para que se eliminassem os órgãos de controle de preços. Na verdade, o governo criou uma secretaria ligada à administração central (Secretaria Nacional de Direito Econômico, SNDE, posteriormente renomeada de SDE) em 1990, e também resistiu à extinção imediata das agências de monitoramento de preços.[17] A relutância em eliminar as antigas funções burocráticas é, em geral, atribuída exclusivamente ao *lobby* e à resistência política por parte da burocracia. Essa resistência de fato ocorreu no caso brasileiro, mas houve mais um motivo para a extinção gradual do velho regime de controle de preços.[18]

Tornou-se claro que o Estado não poderia continuar a conduzir o processo de investimento e produção devido à profunda crise fiscal que caracterizou esse período. A economia foi devastada pela hiperinflação em 1989-1990. Após

---

[14] Entre 1988 e 1989, a tarifa média de importação caiu de 51% a 34%, e os procedimentos de importação foram simplificados com a redução de algumas barreiras não-tarifárias e a unificação de algumas taxas de importação (Averbug, 1999, p. 46).
[15] Ver, por exemplo, Oliveira e Turolla (2004).
[16] Oliveira (1996).
[17] O Conselho Ministerial de Preços foi extinto em 1990, mas a conhecida Superintendência Nacional de Abastecimento e Preços (Sunab) persistiu até 1997.
[18] Oliveira (1996, p. 59-73) discute políticas de preços nessa fase da transição.

uma série de tentativas de estabilização fracassadas, o Plano Real de 1994 finalmente aniquilou a hiperinflação.[19]

Assim, a *terceira fase* começa com o sucesso deste programa de estabilização, o Plano Real, preparado em 1993-1994. A Lei 8.884 de junho de 1994 foi um marco nessa transformação. Curiosamente, a motivação política da Lei 8.884 inspirou-se na noção de intervenção do Estado no mercado, herdada dos estágios anteriores. O presidente Itamar Franco esperava que uma lei permitisse uma rápida punição aos abusos de preços no setor farmacêutico, e solicitou aprovação do que veio a ser a nova lei de defesa da concorrência como condição para implementar o plano de estabilização.[20]

A Lei 8.884 introduziu três importantes mudanças. Em primeiro lugar, deu mais poder a um órgão técnico, o Cade, que passou a ser a última instância administrativa, isto é, sem apelação a qualquer outro órgão na esfera do Executivo. Em segundo lugar, transformou o Cade em um conselho independente cujos membros tinham, pela primeira vez, um mandato fixo (dois anos). Em terceiro lugar, introduziu o controle das fusões.[21]

Várias provisões da Lei 8.884 foram projetadas para promover a competição nos mercados. Por exemplo, o Cade passa a ter a responsabilidade de *"instruir o público sobre as formas de infração da ordem econômica"*[22]. Entretanto, uma análise cuidadosa mostra a necessidade de aprofundamento na preparação dos casos e no controle de fusões, de menos burocracia e mais transparência, e de um processo de tomada de decisões mais rápido.

Em síntese, a economia brasileira passou por mudanças profundas a partir do final dos anos 1980. Abriu-se aos fluxos de bens e capitais internacionais. A intervenção direta do Estado na produção foi substituída pela regulamentação. Os controles de preços visando a combater a alta inflação foram substituí-

---

[19] Entre outros, Oliveira (1996, Seção II) discute a implementação do Plano Real.
[20] Baseado em relatórios informais de diferentes fontes no governo brasileiro à época da elaboração do Plano Real.
[21] O artigo 54 da Lei 8.884 manteve parte da estrutura do art. 13 da Lei 8.158/91, que por sua vez foi tirada do art. 74 da Lei 4.137 (1962). As mudanças da Lei 8.884/94 podem parecer triviais hoje em dia, mas na época geraram uma resistência considerável. O fato de que um economista brilhante e liberal, Mário Henrique Simonsen, considerava a Lei uma grande ameaça ao capitalismo dá uma idéia de como o país tinha pouca familiaridade com a cultura e a legislação da competitividade.
[22] Do artigo 7, inciso XVIII da Lei 8.884 (1994), ele próprio uma emenda de menor importância ao art. 17, alínea (r), da Lei 4.137 (1962).

dos por políticas de concorrência. Essas mudanças deveriam ter colocado a defesa da concorrência no centro das políticas públicas. Entretanto, os costumeiros obstáculos à implementação efetiva de políticas antitrustes tendem a ser até mais fortes em um país em desenvolvimento, como mostra a seção a seguir.

DESAFIOS E PECULIARIDADES DA IMPLEMENTAÇÃO DA DEFESA DA CONCORRÊNCIA NAS ECONOMIAS EM DESENVOLVIMENTO

Sete peculiaridades de economias em desenvolvimento exigem atenção especial quando se implementa a lei de defesa da concorrência. Em linguagem econométrica, não há necessidade de um novo modelo estrutural, mas os parâmetros são significativamente diferentes. Em termos gerais, os problemas de defesa da concorrência nos países em desenvolvimento são mais graves, e as agências têm menos recursos para enfrentá-los.

Em primeiro lugar, o *tamanho do setor informal* tem importantes implicações. O Quadro 3 coloca o setor informal brasileiro em perspectiva comparada. A informalidade cria mercados duplos em vários setores, o que pode distorcer a análise dos mercados formais que são o alvo das agências de defesa da concorrência. Três conseqüências são especialmente pertinentes na análise antitruste:

1. O poder de mercado das empresas formais dominantes pode ser superestimado devido à subestimação da elasticidade-preço da demanda.
2. Ruídos adicionais na informação de preço tornam os cartéis mais instáveis e a análise ainda mais difícil.
3. A análise da fixação de preços predatória pode envolver a revisão de um mais amplo conjunto de políticas e, especialmente, um exame das formas pelas quais a aplicação imperfeita da legislação pode distorcer a concorrência.

É relevante nesse momento haver clareza na definição do setor informal. O setor informal é aqui definido como um segmento da economia em que há um grau de não-cumprimento dos vários tipos de legislação que seja suficientemente alto para afetar os preços relativos no mercado. Tal conceito é diferente do discutido em parte da literatura referente à economia de subsistência, que pode ser relevante para outros propósitos.[23]

Em segundo lugar, o *tamanho do mercado* é importante na análise antitruste. Na condição de economia de tamanho médio com proeminentes corporações multinacionais, o Brasil tem sido afetado por fusões transnacionais e cartéis internacionais. São ilustrativos o caso Kolynos-Colgate em 1996 e, mais recentemente, o cartel das vitaminas. Isto requer cooperação com outras agências nacionais de defesa da concorrência. Outra consequência de um mercado relativamente menor é a existência de taxas de concentração mais altas na maioria dos mercados relevantes. Além disso, com os mercados liberalizados, setores inteiros podem ter de ser consolidados para obtenção de ganhos de economias de escala.

Em terceiro lugar, a transição para uma economia mais liberalizada tem implicações para a ordem de grandeza das *eficiências* que podem ser obtidas através de fusões. Nas economias maduras, as agências tendem a ser céticas quanto à grandeza dessas eficiências, enquanto nas economias em desenvolvimento, com histórias de ineficiências significativas devido ao controle de preços e a outras distorções, certas transações podem proporcionar ganhos de eficiência significativos. É ilustrativa a fusão entre as duas maiores cervejarias brasileiras que levou à criação da Ambev em 1999.

Em quarto lugar, *a infra-estrutura é precária*, como ilustrado no Quadro 4. Poucas empresas têm acesso a certos terminais portuários, a ferrovias e outros serviços e/ou podem arcar com seu custo.

---

[23]Uma definição mais rigorosa alinhada com esse conceito foi proposta por Guedes e Ferres (2006).

QUADRO 4
INFRA-ESTRUTURA PRECÁRIA*

Setor	2004	2005
Energia	▨	▨
Produção	▤	▤
Transmissão	▨	▨
Distribuição	▤	▤
Petróleo & Gás		
Petróleo	▨	▨
Gás natural	▤	▤
Saneamento		
Água e esgoto	▤	▤
Lixo	▨	▨
Telefone		
Fixo	▨	▨
Móvel	▨	▨
Internet	▨	▨
Transportes		
Aeroportos	▨	▨
Ferrovias	▤	▨
Hidrovias	▤	▤
Portos	▤	▤
Rodovias públicas	▤	▤
Rodovias privadas	▨	▨

▨ Setor com problemas que podem obstruir a realização de seus serviços e novos investimentos

▤ Setor com problemas sérios que obstruem a realização de seus serviços e novos investimentos

*Critérios de Avaliação: Paradigma regulatório, assuntos legais, tributação, assuntos institucionais e nível de investimento. Baseado em uma amostra de entrevistas realizadas pela revista *Exame*.

Em quinto lugar, os *altos custos de transação* impedem as novas empresas de contestarem os quase-monópolios. Os custos de transação são relativamente altos no Brasil, como mostrado na Tabela 1.

TABELA 1
ALTOS CUSTOS DE TRANSAÇÃO

Economia	Abrir uma empresa	Contratar e despedir		Impostos	Fechar uma empresa	
	Duração (dias)	Custo de contratar (% do salário)	Custo de despedir (semanas de salário)	Total pago com impostos (% lucro bruto)	Tempo (anos)	Taxa de recuperação (centavos por dólar)
Brasil	152	26,8	165,3	147,9	10	0,5
Rússia	33	35,8	16,6	40,8	3,8	27,6
Índia	71	12,3	79	43,2	10	12,8
China	48	30	90	46,9	2,4	31,5
Canadá	3	12	28	32,5	0,8	90,1
EUA	5	8,5	0	21,5	2	76,3
Leste da Ásia e Pacífico	52,6	8,8	44,2	31,2	3,4	24
Europa e Ásia Central	36,5	29,6	32,8	50,2	3,5	29,8
América Latina e Caribe	63	15,9	62,9	52,8	3,5	28,2
Oriente Médio e Norte da África	45,5	15,9	62,4	35,1	3,8	28,8
OECD	19,5	20,7	35,1	45,4	1,5	73,8
Sul da Ásia	35,3	5,1	75	35,3	4,2	19,7
África Sub-Saariana	63,8	11,8	53,4	394	3,3	16,1

FONTE: Banco Mundial.

A combinação das duas características anteriores — infra-estrutura precária e altos custos de transação — implica elevadas barreiras à entrada e em graves dificuldades na realocação de recursos na economia. Mesmo após a liberalização do comércio, vários preços de insumos mostram um baixo grau de sensibilidade aos preços internacionais, como revelam evidências econométricas para segmentos do mercado de fertilizantes.

Em sexto lugar, diferentemente das economias maduras, as *economias em desenvolvimento carecem de uma cultura de concorrência*. Os mercados e as instituições de mercado estão em processo de criação. Este é um dos motivos pelos quais a advocacia da concorrência se torna crucial nesses países[24].

Em sétimo lugar, a *falha de economia política é mais severa* nas economias em desenvolvimento. As agências relativamente novas e frágeis têm de lutar por parcelas do orçamento para aplicarem leis que podem erodir o poder de interesses. Em contraste com as políticas de comércio, não há grupos específicos que se beneficiem de uma ação antitruste bem-sucedida, pois os ganhos serão dispersos entre milhões de consumidores. As disputas sobre os casos do Cade refletem, com muita freqüência, interesses privados, em vez de preocupações públicas com a defesa da concorrência. Diferentemente da proteção ao consumidor, questões de concorrência estão, muitas vezes, distantes da vivência do consumidor. Não é tarefa pequena mostrar a forma pela qual os casos de abuso do poder de mercado nos bens intermediários e de capital irão mais tarde afetar o consumidor final. Assim, não surpreende o fato de que quase todos os partidos políticos terem dado pouca atenção à defesa da concorrência em um contexto de problemas sociais, pobreza e desigualdade prementes.

Em suma, os países em desenvolvimento têm mais problemas em relação à defesa da concorrência e menos recursos. A próxima seção ilustra as formas pelas quais as dificuldades têm sido enfrentadas no caso brasileiro.

---

[24]Ver, por exemplo, Kovacic (1997) e Oliveira (2001).

DESAFIOS E PECULIARIDADES NA IMPLEMENTAÇÃO DA DEFESA DA CONCORRÊNCIA NAS ECONOMIAS EM DESENVOLVIMENTO: A CURVA DE APRENDIZAGEM BRASILEIRA

Ao contrário da maioria dos países emergentes, o Brasil teve uma experiência precoce com a defesa da concorrência. O Cade adquiriu uma certa tradição desde sua criação em 1962 (Lei 4.137),[25] embora tenha-se tornado bem mais atuante somente após 1994, quando a atual legislação foi aprovada. Como mostrado no Gráfico 2, a evolução do histórico de casos do Cade é ilustrativa: o número de casos julgados por mês ficava, em média, pouco acima de 1 até o início dos anos 1990, aumentando para 55,8 em 2001-2003.

Uma das importantes lições das reformas dos anos 1990 é que os resultados não aparecem imediatamente após a aprovação formal da nova legislação. O sucesso desta depende de todo um conjunto de novos procedimentos que têm de ser desenvolvidos por um grupo de funcionários públicos e de uma nova comunidade profissional que compreenda o espírito da nova legislação e esteja engajada em sua implementação.

GRÁFICO 2
EVOLUÇÃO DOS CASOS JULGADOS PELO CADE
(EM CASOS POR MÊS)

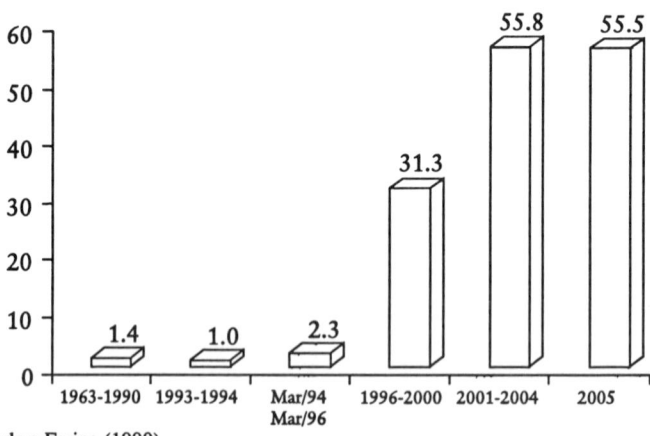

Período	Casos por mês
1963-1990	1.4
1993-1994	1.0
Mar/94 Mar/96	2.3
1996-2000	31.3
2001-2004	55.8
2005	55.5

FONTE: Cade e Farina (1990).

---

[25]Ver Farina (1990) para uma discussão das políticas brasileiras de competitividade antes dos anos 1990.

As decisões do Cade sobre fusões e aquisições, assim como as decisões sobre a Colgate-Kolynos em 1996, a Ambev em 2000 e a Nestlé-Garoto em 2004, aumentaram sua visibilidade. Isto, vale ressaltar, não resultou necessariamente de uma decisão por parte da agência de priorizar as fusões em detrimento de outras práticas, notadamente os cartéis.

A importância relativa dos casos de fusões nos anos 1990 está relacionada a três fatores:

1. Um aumento abrupto nas fusões transnacionais, afetando os países em desenvolvimento como forma de investimento externo direto.
2. O tempo que levou para eliminar os casos de conduta pendentes herdados do velho período de controle de preços e desenvolver novas ferramentas investigativas contra os cartéis.
3. Controle excessivo por parte do Estado de todas as transações do setor privado.

O debate sobre qual é o mais importante, o controle de conduta ou o controle de fusões, não tem conteúdo real. A meta deveria ser equilibrar as várias frentes nas quais operasse uma agência antitruste a cada estágio do desenvolvimento institucional. Se a agência estivesse perpetuamente restrita ao controle de conduta, a formação de estruturas de mercado não-competitivas iria aumentar a freqüência de infrações, frustrando parcial ou totalmente as ações da agência. Por outro lado, priorizar o controle de fusões e abandonar o controle da conduta seria, em primeiro lugar, uma contradição em relação à motivação para controlar as fusões, que é impedir o abuso do poder econômico.

Na verdade, o desafio é alcançar um equilíbrio adequado entre essas duas frentes e, ao mesmo tempo, alcançar ganhos de produtividade apesar do orçamento limitado de que se dispõe. As duas próximas subseções discutem a evolução das duas áreas no Brasil.

CONTROLE DE CONDUTA: ACERTANDO CONTAS COM O PASSADO, PREVALÊNCIA DA REGRA DA RAZÃO E A RECENTE ATIVIDADE ANTI-CARTEL

A aplicação dos conceitos usuais de antitruste em uma economia em desenvolvimento não é assunto trivial. Isto é particularmente verdadeiro em relação ao combate aos cartéis, que exige técnicas investigativas específicas e incentivos bem desenhados para conseguir a cooperação do setor privado.

Os casos de conduta representaram a maioria do total de casos trazidos ao Cade no período que se seguiu à aprovação da Lei 8.884. Entretanto, argumenta-se freqüentemente que a maior parte dos casos referiam-se a procedimentos anteriores e acabaram sendo postos de lado por falta de informação detalhada ou de argumentos.[26] A Figura 2 mostra o procedimento usado para a apreciação dos casos de conduta.

FIGURA 2
PROCEDIMENTO PARA A CONSIDERAÇÃO
DE CASOS DE CONDUTA

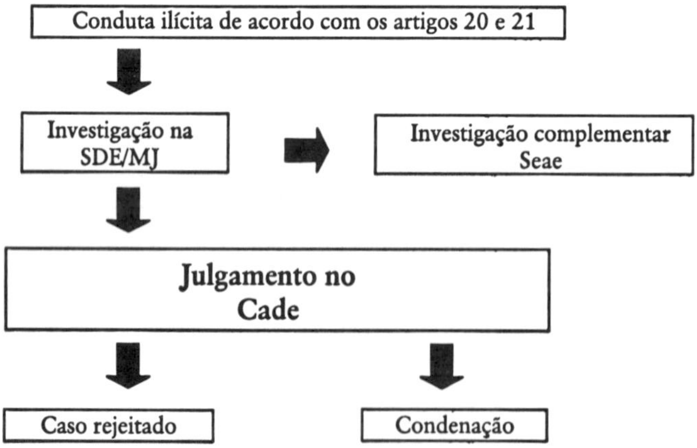

```
        Conduta ilícita de acordo com os artigos 20 e 21
                            ↓
        Investigação na  →  Investigação complementar
          SDE/MJ                      Seae
                            ↓
                     Julgamento no
                          Cade
                       ↓         ↓
              Caso rejeitado    Condenação
```

FONTE: Lei n° 8.884/94.

---

[26]Argumenta-se, também, que as principais fontes de lei dos casos continuam a ser as decisões sobre atos de concentração. Isto é apenas parcialmente verdadeiro, conforme mostrado no capítulo que trata de lei dos casos no Relatório Anual de 1997 do Cade.

Entretanto, o fato de que a maioria dos casos foram considerados inválidos e postos de lado representou um passo necessário para eliminar a incerteza para o setor privado. Conforme discutido acima, as circunstâncias da industrialização no Brasil criaram um ambiente no qual o governo desempenhou um papel-chave ao controlar os preços e os resultados do mercado. Assim, à medida que critérios mais rigorosos começaram a ser aplicados à análise antitruste, foi apenas natural que uma grande proporção de casos fossem encerrados. Esse foi, de fato, um desenvolvimento positivo, porque aliviou o setor privado do fardo dos casos administrativos pendentes não apoiados pela moderna legislação antitruste.

Apesar das tênues chances de uma sentença, esses casos pendentes incorrem em custos administrativos, aumentam a incerteza e têm um impacto negativo sobre a reputação da companhia envolvida e, portanto, sobre o valor líquido de seus ativos. Assim, a limpeza das pendências reduz custos e riscos legais e aumenta a segurança do capital assim como o retorno sobre o capital, com efeitos positivos sobre os investimentos.[27]

Após essa fase inicial, aprimoramentos foram necessários para combater as práticas anticompetitivas. Em primeiro lugar, a Resolução 20 do Cade (1999) continha um conjunto inicial de diretrizes para lidar com vários tipos de má conduta. As informações básicas desse gênero foram importantes após décadas de controle de preços e nenhuma repressão aos acordos ilegais de negócios.[28]

Em segundo lugar, a Resolução 20 confirmou a interpretação de que não existe na lei brasileira uma infração *per se*. Tanto as práticas verticais quanto as horizontais devem ser analisadas caso a caso, levando-se em consideração não apenas os custos resultantes do impacto, mas também as possíveis eficiências que eventualmente podem surgir, de forma a se chegar aos efeitos líquidos sobre o mercado e sobre o consumidor.[29]

Em terceiro lugar, a Lei 10.149 de 2000 forneceu novos instrumentos importantes para o controle de conduta.[30] Permitiu a criação de um programa de leniência, que já demonstrou sua utilidade em relação aos cartéis, tanto

---

[27]Ver Salgado (2004).
[28]Conforme acima tratado nas Seções 2 e 3.
[29]Apêndice da Resolução 20 do Cade (9 de junho de 1999).
[30]Lei 10.149 (21 de dezembro de 2000).

no Brasil quanto em outros países. Deu, também, poderes à SDE para efetuar buscas e apreensões.

Os novos instrumentos legais permitiram várias iniciativas por parte das agências de defesa da concorrência. A SDE criou um programa de cumprimento da regulamentação antitruste; alguns acordos de leniência foram celebrados pela primeira vez e, o que é mais importante, foram realizadas algumas investigações da atividade de cartel. O Cade decidiu vários casos de cartel, o que forneceu alguns princípios diretores para o setor privado. A Tabela 2 apresenta as decisões do Cade em casos de conduta para o período 2000-2005.

TABELA 2
DECISÕES DO CADE EM CASOS DE CONDUTA 2000-2005

Ano	Casos decididos	Sem violação	Violação		
			Horizontal	Abuso de dominância	Total
2000	39	26	2	11	13
2001	34	18	16	0	16
2002	34	22	11	1	12
2003	23	13	9	1	10
2004	42	24	16	2	18
2005	63	37	-	-	25
Total	235	140	54	15	94

FONTE: BID-OCED (2005) e Cade.

CONTROLE DE ATOS DE CONCENTRAÇÃO

O controle de atos de concentração pelas agências antitruste é uma prática comum nos países maduros e vem ganhando importância nas economias emergentes. O crescimento significativo do histórico de casos durante os anos 1990 refletiu a reorganização da economia brasileira, assim como a antiga mentalidade de controle excessivo por parte do estado de todas as transações do setor privado. *Como no caso do controle de conduta, houve um período de aprendizagem durante o qual as agências aperfeiçoaram seus procedimentos operacionais e uma nova mentalidade substituiu a velha perspectiva intervencionista.*

Deve-se enfatizar os seguintes aspectos: a) baixo percentual de rejeição das transações submetidas ao Cade, com uma taxa declinante de intervenção nas transações examinadas; b) ausência de viés contra o capital externo; c) desburocratização na preparação dos casos e nos procedimentos; d) desenvolvimento de critérios básicos para o exame de fusões, incluindo a emissão de diretrizes para as fusões horizontais em 1999-2000.

Como na maioria das jurisdições, a porcentagem de casos nos quais impuseram-se condições foi pequena no Brasil. A experiência com o exame de fusões resultou em um esforço para reduzir a carga burocrática sobre o setor privado. No início, a maioria das aprovações foi acompanhada por compromissos de desempenho conforme o artigo 58 da Lei 8.884. Isto mudou após 1996. As fusões podem ser aprovadas pelo Cade, desde que não apresentem efeitos anti-competitivos. No período 1994-1996, prevalecia que a aprovação de determinada transação exigia a conclusão de que ela agregava eficiências. A Figura 3 resume os procedimentos envolvidos.

Conforme observado anteriormente, *o custo do controle de fusões pode ser alto imediatamente após sua introdução, quando geralmente existe uma carência de profissionais treinados e de uma cultura de concorrência.* Devido a esse problema, foram feitas mudanças nos procedimentos para assegurar que a análise dos atos de concentração produzisse resultados mais rápidos e mais claros, e que os casos mais simples seriam tratados de forma diferente dos casos complexos.

As Resoluções 1/95 e 5/96 e, subseqüentemente, a Resolução 15/98 foram passos nessa direção porque a) criaram um procedimento simplificado para a análise, e b) integraram e coordenaram as atividades do Cade com as de outros órgãos governamentais com atribuições legais nessa área: a SDE e a Seae.[31]

---

[31]Resolução 1 do Cade (21 de maio de 1992); Resolução 5 (28 de agosto de 1996); Resolução 15 (19 de agosto de 1998).

FIGURA 3
O PROCEDIMENTO PARA EXAME DE FUSÕES

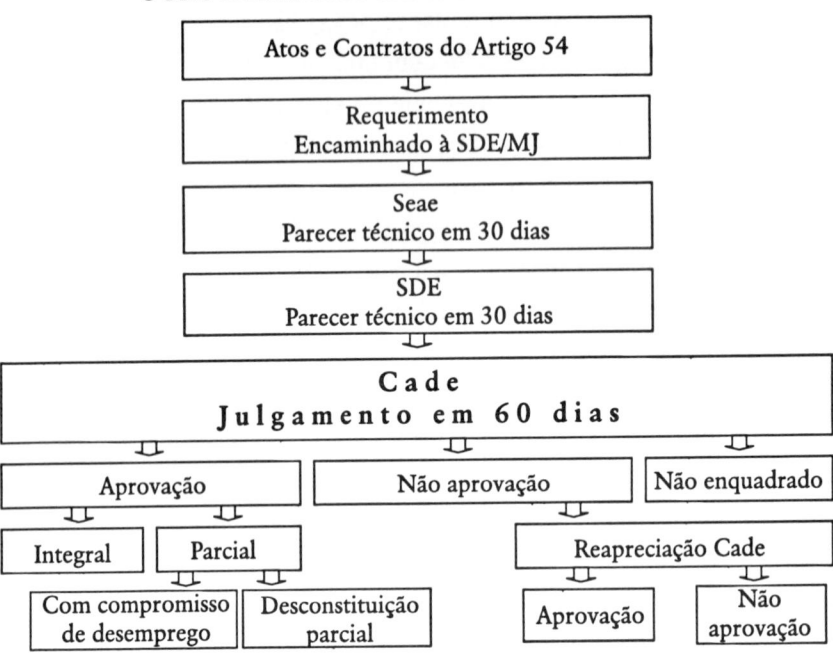

```
┌─────────────────────────────────────┐
│   Atos e Contratos do Artigo 54     │
└─────────────────┬───────────────────┘
                  ↓
┌─────────────────────────────────────┐
│           Requerimento              │
│       Encaminhado à SDE/MJ          │
└─────────────────┬───────────────────┘
                  ↓
┌─────────────────────────────────────┐
│              Seae                   │
│     Parecer técnico em 30 dias      │
└─────────────────┬───────────────────┘
                  ↓
┌─────────────────────────────────────┐
│              SDE                    │
│     Parecer técnico em 30 dias      │
└─────────────────┬───────────────────┘
                  ↓
┌─────────────────────────────────────┐
│              Cade                   │
│     Julgamento em 60 dias           │
└──────┬──────────────┬───────────┬───┘
       ↓              ↓           ↓
  ┌─────────┐   ┌───────────┐  ┌──────────────┐
  │Aprovação│   │Não aprovação│ │Não enquadrado│
  └──┬───┬──┘   └─────┬─────┘  └──────────────┘
     ↓   ↓            ↓
 ┌──────┐┌───────┐ ┌──────────────────┐
 │Integral││Parcial│ │Reapreciação Cade │
 └──┬───┘└───┬───┘ └────┬──────────┬──┘
    ↓        ↓          ↓          ↓
┌──────────┐┌─────────────┐┌─────────┐┌──────────┐
│Com compro-││Desconstituição││Aprovação││   Não   │
│misso de   ││   parcial    ││         ││aprovação│
│desemprego ││              ││         ││         │
└──────────┘└─────────────┘└─────────┘└──────────┘
```

FONTE: Lei 8.884/94.

O artigo 54 da Lei 8.884 (1994) necessitava de regulamentação para estabelecer o universo e o formato das informações a serem fornecidas pelos agentes econômicos.[32] O objetivo era permitir uma análise dos custos e benefícios de mercado associados a um ato de concentração. Mais recentemente, foram introduzidos os ritos sumários.[33]

A situação melhorou com a aplicação das Resoluções 5/96 e 15/98, embora outras mudanças fossem ainda necessárias.[34] A esses fatores acrescentou-se a peculiaridade da Lei nº 8.884 que permite a "notificação *a posteriori*",[35] permitindo que os requerentes possam realizar (e na maioria dos casos reali-

---
[32]Lei 8.884 (11 de maio de 1994).
[33]Artigo 16, Resolução 12 do Cade (31de maio de 1998).
[34]Resolução 5 do Cade (28 de agosto de 1996); Resolução 15 (19 de agosto de 1998).
[35]Lei 8.884 (11 de maio de 1994).

zam) uma transação e só então submetê-la à aprovação do Cade. Quanto mais tempo levar o Cade para decidir sobre um caso, mais adversos serão os efeitos dessa provisão, porque:

a) quaisquer efeitos negativos sobre a concorrência causados pela transação tenderão a tornar-se mais concretos enquanto a transação estiver sendo analisada;
b) o custo de qualquer retirada de concessão será mais alto devido à necessidade de desfazer um crescente grupo de transações derivadas da transação original; e porque
c) aumenta a incerteza legal para o setor privado.

Importantes mudanças foram introduzidas na esteira da experiência do caso Ambev. A Resolução nº 28 do Cade introduziu dois mecanismos que visam a suspender a consumação da transação: a "medida cautelar" e o Acordo de Preservação da Reversibilidade da Operação (Apro). Os dois instrumentos proíbem as partes da fusão de praticarem ações irreversíveis para concluir o processo. A principal diferença entre eles é que, enquanto a "medida cautelar" é imposta pelo Cade (sendo emitida *ex officio* ou em resposta a uma petição da Seae, da SDE, da Procuradoria Geral do Cade ou de uma terceira parte), o Apro constitui um acordo consensual entre o Cade e as partes da operação e foi, dos dois mecanismos, o mais usado desde então.

Adicionalmente, a introdução de um rito sumário pela SDE e pela Seae para a análise de atos que claramente não tenham impacto sobre a concorrência[36] reduziu o tempo necessário para o julgamento desses casos.

---

[36]Tais como *a*) a aquisição de franquias por seus franqueados; *b*) *joint ventures* cooperativas criadas para ingressar em um novo mercado; *c*) reestruturação empresarial dentro de um único grupo de negócios que não acarrete mudanças no controle; *d*) aquisição de uma empresa brasileira por uma empresa estrangeira que não tenha (ou tenha de forma não-significativa) interesses de negócios no Brasil; *e*) aquisição de uma empresa estrangeira que não tenha (ou tenha de forma não-significativa) interesses de negócios no Brasil por uma empresa brasileira; *f*) substituição de um agente econômico nos casos em que a empresa adquirente não participasse anteriormente de forma substancial no mercado-alvo ou nos mercados verticalmente relacionados; e *g*) aquisição de uma empresa com uma participação no mercado pequena o bastante para ser inquestionavelmente irrelevante com respeito à competitividade. Ver Seae/SDE Portaria Conjunta nº 1, de fevereiro de 2003 e BID-OCED (2005) para mais detalhes.

Mais recentemente, um debate sobre a reinterpretação do significado do patamar de notificação vem ocorrendo no Brasil. O patamar de notificação atual, que é um faturamento anual total de R$ 400 milhões, tem sido amplamente criticado. O Cade mudou sua interpretação anterior de que a importância seria referente ao total de vendas no mundo e não apenas ao mercado brasileiro.[37]

Além do mais, o projeto de lei apresentado para reformar a Lei de Defesa da Concorrência propõe a diminuição do patamar de notificação para R$ 150 milhões e que a outra parte represente negócio de pelo menos R$ 30 milhões. Entretanto, alguns exercícios mostram que esse critério pode aumentar, em vez de diminuir, o número de casos submetidos ao Cade, e, conseqüentemente, aumentar a carga de trabalho das agências de defesa da concorrência.[38]

A Tabela 3 apresenta as decisões do Cade em casos de atos de concentração para o período 2000-2005.

TABELA 3
DETERMINAÇÕES DO CADE EM ATOS DE CONCENTRAÇÃO 2000-2005

Ano	Transação examinada	Aprovada sem restrições	Aprovada com restrições			Reprovada
			Estrutural	Ancilar	Total	
2005	497	449	-	-	48	0
2004	618	574	2	41	43	1
2003	491	484	1	6	7	0
2002	485	474	0	11	11	0
2001	571	559	0	12	12	0
2000	507	490	1	14	15	2
Total	3169	3030	4	84	136	3

FONTE: BID-OCED (2005) e Cade.

---

[37]Ver a decisão do Cade sobre a ADC Telecommunications Inc., e a Krone International Holding Inc., de 19 de janeiro de 2005.
[38]Baseado em um relatório inédito de Tendências elaborado para a Federação das Indústrias do Estado de São Paulo.

Perspectivas para a Defesa da Concorrência no Brasil

Quase 12 anos depois que a Lei 8.884 foi aprovada, é possível sugerir uma modesta agenda de reforma. De fato, um projeto de lei foi submetido ao Congresso com essa finalidade. Sua principal contribuição é a redução da burocracia. Os três órgãos antitruste seriam reduzidos a dois, o Cade e a Seae, com a SDE regulando a proteção ao consumidor. Somente o Cade iria investigar, preparar e adjudicar os casos. A Seae seria responsável pela interação entre a defesa da concorrência, as agências reguladoras e a promoção da competição nos mercados.

O Quadro 5 mostra as mudanças propostas pelo projeto de lei na atual Lei de Defesa da Concorrência.

QUADRO 5
LEIS DE DEFESA DA CONCORRÊNCIA EM PERSPECTIVA HISTÓRICA

	LEIS			
	4.137 *(1962)*	8.158 *(1991)*	8.884 *(1994)*	8.884 *(reforma proposta)*
Órgãos de Defesa da Concorrência	Cade	Cade SNDE	Cade SDE Seae	Cade Seae
Escopo	Conduta	Conduta	Conduta da estrutura	Conduta Conduta da estrutura ex-ante
Grau de Autonomia	Nenhum	Nenhum	Cade fica mais independente, membros têm um mandato de dois anos	Cade torna-se uma autarquia especial; mandato de 4 anos

FONTE: Vários documentos e textos legais.

Outro importante instrumento proposto pelo projeto de lei é a possibilidade de um exame prévio de um ato de concentração. Isto poderia reduzir os custos de transação, em princípio, mas se o processo de tomada de decisões permanecer lento, o exame prévio poderia acabar bloqueando importantes resultados econômicos. O projeto de lei também dá aos conselheiros do Cade um mandato mais longo (quatro anos em vez de dois) e estipula que este não deverá coincidir com o mandato presidencial. As duas mudanças devem aumentar a autonomia da agência. Entretanto, o projeto de lei ainda necessita de mais atenção às peculiaridades das economias em desenvolvimento mencionadas na Seção 4.[39]

CONCLUSÕES

As políticas de defesa da concorrência no Brasil podem ser melhor compreendidas como parte de um processo de liberalização do mercado. Nos EUA, a defesa da concorrência tornou-se importante como conseqüência da evolução da economia de mercado. No Brasil, tem sido um instrumento para promover a economia de mercado e suas instituições. Os valores e a cultura de concorrência já estão presentes nas economias mais maduras. Nas economias em desenvolvimento, ainda estão sendo criados e disseminados. Como conseqüência, *os efeitos positivos de uma lei* de defesa da concorrência *não são imediatos e é necessário um período de aprendizagem.*

A própria existência do antitruste no Brasil só foi possível como resultado dessas reformas liberalizantes, pois não há lugar para políticas de concorrência em uma economia com controles de preços e pesada intervenção do Estado na produção. A defesa da concorrência, por sua vez, é essencial à promoção de mercados competitivos nos países em desenvolvimento e sua implementação é necessária para fazer face de algumas questões da privatização e da liberalização do comércio.

Não é possível reproduzir a típica lei de defesa da concorrência de uma economia desenvolvida no contexto de uma economia em desenvolvimento. Como sugere a experiência brasileira, algumas peculiaridades das economias em desenvolvimento têm de ser levadas em conta.

---

[39]Um relatório especial elaborado por Tendências contém várias sugestões concretas para o projeto de lei enviado ao Congresso.

Finalmente, embora tenha havido progresso nos últimos 10 anos, a construção institucional está longe de completar-se. Importantes mudanças precisam ser feitas para garantir maior eficiência, procedimentos justos e autonomia para as agências antitruste. Será necessário contemplar as características específicas de uma economia em desenvolvimento e, sobretudo, as conseqüências particulares de um grande setor informal para a análise antitruste.

Nesse contexto, é possível fazer 10 sugestões para atingir as "melhores práticas" da defesa da concorrência no Brasil.

1. Desburocratização permanente

O projeto de lei de Reforma da Lei de Defesa da Concorrência constitui avanço ao reduzir de três para dois órgãos de defesa da concorrência. Contudo, ainda restam duplicidades entre o Cade e a Seae.

2. Máxima agilidade

Deve-se fixar prazos sem a possibilidade de suspensão e evitar a possibilidade de reabertura da fase de instrução probatória a cada etapa do processo.

3. Cade 24 horas

Poder-se-ia criar a figura do suplente ou a possibilidade de convocação de diretores de agências reguladoras de forma a garantir sempre o quórum de julgamento. As férias seriam eliminadas e um serviço 24 horas seria criado.

4. Cautela e flexibilidade com o patamar de notificação de fusões

A mudança no patamar de notificação de fusões pode aumentar, em vez de diminuir, o número de casos submetidos ao Cade e, conseqüentemente onerar o trabalho dos órgãos de concorrência. Atualmente, qualquer operação que gere concentração econômica precisa ser notificada se qualquer dos atores envolvidos teve uma renda bruta anual em sua última declaração financeira igual ou maior que R$ 400 milhões, ou se uma das partes adquire, após a fusão, pelo menos 20% do mercado relevante. O projeto de lei propõe diminuir o limiar para R$ 150 milhões, além de requerer que a outra parte represente um negócio de pelo menos R$ 30 milhões. Estimou-se que esse critério pode aumentar o número de notificações como um efeito líquido.

Além do mais, a mudança no patamar de notificação impõe um controle mais rígido sobre as empresas nacionais médias do que sobre as multinacionais que ainda não têm negócios relevantes no país.

5. Transparência

O alto grau de transparência atual deve ser mantido. Além do mais, as audiências e consultas públicas são mecanismos que podem ser ampliados. Um relatório anual deveria ser apresentado ao Congresso a cada semestre.

6. Necessidade de gradualismo e flexibilidade

As novas regras requerem um período de transição para que os agentes possam adaptar-se. As novas normas devem ser precedidas por aumentos da produtividade. Esse cuidado é especialmente importante nos exames prévios, que são introduzidos no projeto de lei. Se persistir a demora atual nos exames prévios, o Cade pode parar a economia.

7. Articulação com agências reguladoras

O projeto de lei só será efetivo se for articulado com a reforma das agências reguladoras.

8. Necessidade de maior participação dos consumidores

Não foram, até o momento, criados mecanismos eficientes para diminuir os custos da organização dos consumidores. Esses mecanismos poderiam garantir uma efetiva participação dos consumidores nos processos de defesa da concorrência.

9. Recursos humanos

É louvável a introdução de um artigo no projeto de lei que determina a criação de 200 cargos para aparelhar as agências de defesa da concorrência em termos de recursos humanos. Mas seria necessário a criação de carreiras específicas para a regulação e defesa da concorrência.

10. Cuidado com os manuais

A defesa da concorrência deve ser elaborada com uma cuidadosa atenção às peculiaridades dos países em desenvolvimento. Não há modelos prontos que possam ser importados para esses países.

REFERÊNCIAS BIBLIOGRÁFICAS

AVERBUG, A. "Abertura e integração comercial brasileira na década de 90", in GIAMBIAGI, F. e MOREIRA, M. *A economia brasileira nos anos 90*. Rio de Janeiro: BNDES, 1999.

CADE, vários relatórios e resoluções.

FARINA, E.M.M.Q. "Política antitruste: a experiência brasileira", in *Anais do XVIII Encontro Nacional de Economia*. Brasília: ANPEC, 1990.

GUEDES, E.M., FERRÉS, J.P. *Conceitos de Informalidade: análise e resenha de estudos econômicos*, Instituto Brasileiro de Ética Concorrencial, 2006.

BID-OCED. *Competition law and policy in Brazil: a peer review*. OCED. Disponível em <http://www.cade.gov.br>, 2005.

KOVACIC. W. "Getting Started: creating new competition policy institutions in transition economies", in *Brooklyn Journal of international Law*, vol. 23, n. 2, p.403-53, 1977.

KUME, H., PIANI, G e SOUZA, C.F.B. de. *A política brasileira de importação no período 1987-98: descrição e avaliação*. Brasília: IPEA, 2000.

OLIVEIRA, G. *Concorrência: panorama no Brasil e no mundo*. São Paulo: Editora Saraiva, 2001.

——. *Brasil real: desafios da pós-estabilização na virada do milênio*. São Paulo: Editora Mandarim, 1996.

——. e FUJIWARA, T. " Competition Policy in Developing Economies: the case of Brazil", in *Northwestern Journal of International Law and Business*, vol. 26, n. 3, Spring 2006. No prelo.

——. e TUROLLA, F. "Política econômica do segundo governo FHC: mudança em condições adversas", in *Tempo Social*. São Paulo: USP, 2006.

SALGADO, L.H. "A defesa da concorrência no Brasil: retrospecto e perspectivas", in GIAMBIAGI, F., REIS, J.G. e URANI, A. *Reformas no Brasil: Balanço e agenda.* Rio de Janeiro: Editora Nova Fronteira, 2004.

VISCUSI, W. K.; VERNON, J. M.; HARRINGTON Jr., J. E. *Economics of Regulation and Antitrust.* Cambridge: The MIT Press, 1995.

OMC. *Understanding the WTO.* Genebra: Disponível em: <http://www.wto.org/english/thewto_e/whatis_e/tif_e/understanding_e.pdf>.

Este livro foi impresso nas oficinas da
DISTRIBUIDORA RECORD DE SERVIÇOS DE IMPRENSA S.A.
Rua Argentina, 171 – Rio de Janeiro, RJ
para a
EDITORA JOSÉ OLYMPIO LTDA.
em junho de 2006

*

74º aniversário desta Casa de livros, fundada em 29.11.1931